Johann August Schilling

Brunnthal, seine Lage, Quellen und Geschichte,

mit besonderer Berücksichtigung desselben als Bade- und Kuranstalt

Johann August Schilling

Brunnthal, seine Lage, Quellen und Geschichte,
mit besonderer Berücksichtigung desselben als Bade- und Kuranstalt

ISBN/EAN: 9783743461420

Hergestellt in Europa, USA, Kanada, Australien, Japan

Cover: Foto ©ninafisch / pixelio.de

Manufactured and distributed by brebook publishing software (www.brebook.com)

Johann August Schilling

Brunnthal, seine Lage, Quellen und Geschichte,

BRUNNTHAL,

seine Lage, Quellen und Geschichte,

mit

besonderer Berücksichtigung desselben

als

Bade- und Kur-Anstalt,

nebst

ausführlicher Darstellung der Dr. Steinbacher'schen
Naturheilmethode etc.

für

Fremde und Einheimische, Gesunde und Kranke

dargestellt von

Dr. med. Joh. Aug. Schilling.

München 1864.
Druck von E. Stahl.

Inhalt.

1) Das Klima Münchens und dessen nächster Umgebung. — 2) Der englische Garten. — 3) Brunnthal als Bad, Wichtigkeit der Quellen und Bäder überhaupt in geschichtlichen Umrissen. — 4) Bogenhausens und Brunnthals Quellen und der Hachinger Bach. — 5) Brunnthals Geschichte vom Jahre 1683 bis heute. — 6) Dr. Steinbacher's Natur-Heilanstalt Brunnthal: a) Physiologische Grundlagen der Kur; b) die Naturheilanstalt Brunnthal; c) besondere technische Bemerkungen.

Das Klima Münchens
und dessen nächster Umgebung.

Jeder, der eine Stadt oder Gegend besucht, um so mehr wenn er zum Behufe der Erholung oder Wiedererlangung einer angegriffenen oder verlornen Gesundheit solch' einen von der Heimath fernen Wohnsitz auf Wochen oder Monate für sich wählt, fragt vor Allem: "Ist es gesund dort, wo ich meine Gesundheit holen will?" Wie ist die Gegend, wie das Klima, wie der Sommer, wie der Winter u. s. w.? Dies sind Fragen, die wir täglich zu hundertenmalen hören, wenn es sich um eine Bade- oder Erholungs-Reise handelt.

"Freilich," so sagen Viele, "wäre mir der Aufenthalt in Bayerns Hauptstadt der angenehmste." Die reizende Umgebung, die Nähe der Alpen und die Ausflüge dahin, die nächste Nähe der Gebirgsseen, die herrlichen Kunstdenkmale der Stadt, die monumentalen Bauten, Wissenschaft, Kunst, Unterhaltung, Vergnügen etc.; kurz Alles wäre uns höchst genehm und ist sehr verführerisch' — aber: "wie ist das Klima Münchens?" so fragen die Allermeisten, ja fast Alle, die unsere Residenz zum Aufenthalte für längere oder kürzere Zeit wählen wollen.

Für den Fremden desshalb, den Nichtmünchener, den Nichtacclimatisirten, wie man zu sagen pflegt, wollen wir wahrheits- und sachgetreu, wie die vieljährigen, astronomisch-meteorologisch-wissenschaftlichen Erfahrungen eines Dr. Lamont's, Direktors der Sternwarte, sie kundgeben, hier kurz zu skizziren suchen, um dem Nichteinheimischen seine Sorge zu nehmen und ihm jede Furcht vor üblem Klima zu sparen oder solche zu beseitigen.

Für den Münchener selbst, oder den der einmal einige Monate hier zu leben gewohnt, bedarf es wahrlich keiner Versicherung über das „gesunde oder nicht ungesunde Münchner Klima." Ein Blick auf unsere Bevölkerung zeigt, dass ihr keine en- oder epidemische Krankheiten anhängen, vielmehr ist dem echten Münchner der Typus der urwüchsigen Gesundheit, der Kraft und Heiterkeit, des Frohsinn's und der Lebenslust mit unverkennbaren Zügen auf die Stirne gezeichnet.

Nur für ängstliche oder besorgte Fremde gebührt es sich, eine flüchtige climatische Skizze hier diesem Handbüchlein voranzuschicken. Wer eine zeitlang in München gelebt, der kann meist die Documente der gesunden Luft an sich selber zur Schau tragen, Documente, die als frische Wangen, rother saftiger Hautteint, Körperkraft und Rüstigkeit viel deutlicher sprechen, als dies die beredtesten Worte und seien sie selbt von eines Chrysostomus Lippen geflossen, darzulegen vermöchten.

Gegen Münchens klimatische Verhältnisse in Salubritäts-Beziehungen bestehen seit Decennien, namentlich von Seite Fremder, viele, jedoch zum Glücke unbegründete Vorurtheile*).

---

*) Es ist eine sehr tadelnswerthe Wichtigmacherei, wenn manche Journalisten in der Tagespresse sofort, sobald des Tages 3—4 Einwohner oder einmal ein Fremder dahier am Typhus stirbt, sogleich das Klima als das schlechteste verschreien. Daran ist wahrlich das Klima am wenigsten Schuld, wie wir später sehen werden. Solche Berichte, namentlich wenn sie, wie meist der Fall ist, übertrieben sind, sollten mit Recht polizeilich geahndet oder verboten werden.

Eine kurze Darstellung aller zur Klimatologie eines Bezirkes gehöriger Momente wird es beweisen, dass Münchens Lage keine Gründe abgibt, welche eine gerechte Besorgniss für die Gesundheit des Einzelnen rechtfertigen könnten; sie werden im Gegentheile mit Bestimmtheit darthun, dass für viele gestörte Gesundheitsverhältnisse Münchens Luft und Klima sogar von hohem und heilsamen Einflusse sich gestalten.

München liegt vom Frauenthurme aus gemessen, so ziemlich inmitten der südbayerischen Hochebene unter 48° 8′ nördlicher Breite und 29° 14′ östlicher Länge fast gleich mit Orleans im Westen und Wien im Osten.

Es ist circa 12½ Stunden von den in Süden liegenden Vorbergen und 21 Stunden von dem Hauptstocke der bayerischen Alpen entfernt. Der höchste Punkt der Altstadt, die Frauenkirche, liegt nach Lamont 1568 par. Fuss über der Meeresfläche*) und durchschnittlich 25′ über dem Wasserspiegel der Isar.

Die Isar, welche bei München und theilweise durch das Gebiet von München läuft, ist ein rasch fliessender Gebirgsstrom mit einem Gefälle von 16′ auf 1000′.

Die Temperatur dieses Flusses wechselt nach Lamont's Beobachtungen im Laufe des Jahres zwischen + 1°, 64 R. bei einer Luft-Temparatur von 1°, 67 im Februar und + 13°, 33 im Juli bei einer Lufttemperatur von 14°, 01 R. Sie erreicht im Sommer nie die Wärme der Luft, fällt dagegen auch nie unter dem Gefrierpunkt.

Den früheren bedeutenden Ueberschwemmungen, welche die Isar bei der Schneeschmelze anrichtete, ist in neuester

---

*) Nach Deloros ist die Höhe des Pflasters der Münchner Frauenkirche 1597 par. Fuss, was richtiger zu sein scheint.

Zeit vollständig vorgebeugt und dem wilden Bergstrome sind durch die besten Flussregulirungen die sichersten Schranken gesetzt. Regelmässige Dämme und Böschungen an beiden Ufern der Isar bei und um München, sowie die Parkanlagen in den oberen Isarauen und am Gasteigberge zwischen Bogenhausen und der Vorstadt Au am rechten Ufer, wobei die jährlich weitere Einrisse erleidende, früher so steile Uferwand niedergelegt und in sanfte Hügel sowie in Baumanpflanzungen verwandelt wurde, haben für alle Zukunft Störungen und Verheerungen durch den Strom unmöglich oder doch unschädlich gemacht.

Stehende Wässer und Sümpfe, welche die Luft verderben könnten, sind also durch diese und dergleichen vorsorgenden Anlagen und Einrichtungen verhindert, seitdem das Flussbett regulirt und keinen Altwässern und Sümpfen nach Ueberschwemmungen mehr ein Terrain geboten ist.

Das vortrefflich durch die Isar, sowie durch deren Zweigarme und Kanäle bewässerte München ist im Norden von ausgedehnten Moorflächen und im Süden von der Alpenkette wie von einer Schutzmauer umgeben,

München besitzt nach Dr. Lamont's Berechnungen auf der Sternwarte zu Bogenhausen, eine mittlere Jahrestemperatur von $+ 5°,85$ oder von $5,9$ R. In der etwas tiefer gelegenen Stadt, wo über 100,000 Menschen beisammen wohnen, und neben einander athmen ist die mittlere Temperatur $7,28°$ —

Uebrigens bietet keine grosse Stadt bei gleicher Höhe und Breite in Mitteleuropa eine so geringe mittlere Temperatur, die auf eine ziemlich freie, frische und bewegte Luft deutet, wesshalb in engen Strassen auch die Temperatur höher und darum auch lästiger ist.

Eine für Münchens Temperatur diese herabsetzende Einwirkung äussern vorzüglich die im Süden gelegenen Alpen Insbesondere sind diese Gebirge eben der Grund der in unserm München so häufigen und grellen Temperatur-Veränderungen und Temperatur-Sprünge. Da nemlich an Berghöhen die Luft durch die vermehrte Wärmeausstrahlung schneller sich abkühlt, wodurch die herabströmenden kalten Luftschichten sich rasch in die erwärmte Ebene verbreiten, wird, was bei heiterem Himmel an jedem Morgen, am hervorstechendsten jedoch im Frühjahre der Fall ist, in München häufig ein rascher Temperaturwechsel beobachtet, der zuweilen eine Differenz von 16^9 R. an einem Tage erreichen kann. Diess ist der einzige und Hauptpunkt, wodurch das Klima unserer Residenz sich von dem mancher anderer Städte Centraleuropas unterscheidet und auf welchen Umstand namentlich jeder Fremde aufmerksam gemacht werden muss. Der Eingeborne oder hier bekannte und mit den Temperaturverhältnissen einmal vertraute Fremde wissen sich recht gut gegen diese Temperatursprünge zu schützen und vermeiden jenen Leichtsinn, mit dem oft Mancher sich den heissen Mittagen in leichtester Kleidung aussetzt, die ihn am Abende vor der kühlen Nachtluft nicht mehr zu schützen vermag.

Nach Lamont haben wir durchschnittlich den letzten Frost am 27. April und den ersten am 18. Oktober jeden Jahres.

Nach allen meteorologischen Zusammenstellungen besitzt München ein Klima, das **wenigstens** 129 Tage, vom 12. Mai bis 17. September, eine für die Vegetation sehr günstige Temperatur besitzt.

Das Frühjahr geht nicht unter — $2°$ R. und der Herbst nicht unter — $4°$ R. herab. Dagegen kann die Sommerhitze auf $25°$ R. steigen und die Winterkälte auf — $12°$ R. fallen, freilich eine Differenz von $37°$. —

Den Gang der Temperatur in München beobachtend,

so fällt nach 13jährigen Beobachtungen Lamont's das Maximum der Temperatur unter den Monaten auf Mitte July, das Minimum auf die erste Hälfte Januar; am Tage fällt das Maximum der Temperatur zwischen 1—3$^1/_2$ Uhr Mittags (im Sommer etwas später, im Winter früher.) Für die Tageszeit von 6 Uhr Morgens bis 8 Uhr Abends ist die mittlere Temperatur Münchens 6°,93 R. (nach 13jährigen Beobachtungen.) Die Richtung der Winde von West nach Ost und von Ost nach West ist vor denen von Norden nach Süden und von Süden nach Norden vorherrschend.

In München vergehen sehr wenige Tage an denen nicht einmal Südwest bläst. Diese Richtung ist die dominirende. Reiner Nord und Süd sind selten. Dem aus Afrikas Wüste wehenden Sirocco ist nur eine kleine Lücke in der Alpenkette, etwas westlich von Salzburg, zum Eintritt geöffnet.

München, auf einer Hochebene gelegen, gehört zu denjenigen Orten, die der stärksten Luftbewegung ausgesetzt sind. Man nimmt als mittlere Geschwindigkeit für die Bewegung der Münchner Luft 10' und noch etwas mehr in der Sekunde an.

Das was man über Lage und Klima Münchens zusammenfassen, zu einem Gesammtresultate vereinigen und für die Gesundheitsverhältnisse verwerthen kann, besteht demnach in Folgendem:

München besitzt eigentlich ebensowenig wie ganz Deutschland ein selbstständiges Klima. Doch bei Betrachtung der einzelnen, das Klima constituirenden Elemente ergibt sich, dass unsere Stadt mehr zu den kühleren, als wärmeren Orten gehört, was besonders von ihrer hohen Lage und den starken Luftströmungen abhängt. Bei der erhöhten Lage ist München aber durch den Luftzug selber auf die natürlichste und einfachste Weise sehr gut und stark ventilirt.

Was den Wassergehalt der Luft betrifft, so ist München nicht besonders feucht zu nennen; Nebelbildung kommt hier weniger häufig vor, als anderwärts in Deutschland und grösstentheils nur im Spätherbste. Die Nebel um München erreichen in der Regel keine bedeutende Höhe. Als vor einigen Jahren an einem Abende des Spätherbstes die Statue der Bavaria beleuchtet wurde, hatte sich die Mehrzahl der Zuschauer in der vor derselben befindlichen Ebene, der Theresienwiese versammelt. Mittlerweile bereitete sich ein so dichter Nebel über die ganze Wiese aus, dass man hier von der ganzen Beleuchtung nichts sehen konnte, während die Minderzahl der Zuschauer, die sich auf der Anhöhe, wo die Bavaria selbst steht, befanden, durch den Nebel durchaus nicht gehindert war und nichts von ihm verspürte. Die Erhebung des Bodens vor der Ruhmeshalle ist aber bezüglich der Wiese sicherlich nicht mehr als 50 Fuss.

Auch finden sich in der Münchner Luft keine vom feuchten Dunste getragenen schädlichen Potenzen. Der feuchte Dunst aber ist der Hauptträger und Verbreiter von gesundheitsschädlichen Stoffen, Miasmen u. dgl.

Was nach Erwägung dieser wissenschaftlichen Ergebnisse die Salubrität dieses Klimas betrifft, so ist letzteres als g e s u n d zu bezeichnen. Darum sind auch von allen Bewohnern und Anwohnern Krankheiten durch entsprechende Vorsicht und Massregeln leicht zu vermeiden.

Für die g e s u n d e Beschaffenheit des Münchner Klimas spricht schon am l a u t e s t e n der Umstand, dass die Sterblichkeit daselbst geringer ist, wie in den meisten übrigen grösseren Städten des ehemaligen einigen, heiligen römischen Reiches, des jetzigen Deutschlands. In München stirbt jährlich in der Regel 1 Mensch von 33; im Jahre 1861 starb erst 1 von 35; in Berlin und Hamburg stirbt 1 von 30; in Würzburg 1 von 29; in Dresden 1 von 27; in Prag 1 von 24, in Köln 1 von 23; in Wien 1 von 22; in Danzig 1 von 18; in Breslau 1 von 17 etc.*) Auch erreichen in München viele Personen das 80. und 90. Jahr und darüber. Einen weiteren deutlichen Beleg für die Unschädlichkeit und Gesundheit des Münchner Klima's gibt der Umstand. dass von 1854/55 bis 1860/61, also in 7 Jahren 3001 Menschen **mehr** geboren wurden, als starben, was für das Jahr einen Ueberschuss von 429 Mehrgeburten macht. Der hervorragendste Charakter des Münchners Klimas, der dessen Gesundheit bezeichnet, ist die Reinheit der Luft daselbst, die theils durch die hohe Lage, theils durch die starken Luftströmungen erzeugt wird, da einerseits bösartige Effluvien klimatischer Natur ganz fehlen, andererseits künstich gebildete leicht dadurch beseitigt und abgeschwächt werden. Endemische Krankheiten gibt es desshalb in München gar nicht. Das irrthümlich so gefürchtete Schleimfieber, überhaupt die tyfösen Prozesse, die jede grössere Stadt ja selbst das Land aufzuweisen hat, erreichen hier die Anzahl bei weitem nicht, wie in gleichgrossen anderen Städten, sie sind minder gefährlich in ihrem Verlaufe und bleiben Monate hindurch oft ganz aus.

Die in Münchens Nachbarschaft gelegenen Moose haben bisher keinerlei schädliche Einflüsse geübt; erst in der neuesten Zeit mit dem Auftauchen eines ungeregelten Torf-

---

*) In manchen und sogar vielen, ja den meisten ausserdeutschen und aussereuropäischen Grossstädten ist die Sterblichkeit eine viel bedeutendere wie in München. In Neapel, diesem gesunden schönen Neapel, stirbt von 29 Menschen 1; in Venedig und New-Orleans 1 von 20; in Stockholm und Rom 1 von 24; in Brüssel 1 von 25; in Barcellona 1 von 27; in Paris 1 von 30; in Bordeaux 1 von 29; in Bergamo 1 von 18; in Pesth 1 von 23 u. s. w.

stiches daselbst, sind hin und wieder einzelne Wechsel-Fieber aber in gelinder Form aufgetreten, Wechselfieber, die früher in der Münchner-Gegend ganz fehlten. Auch der Tyfus hat, wie schon bemerkt sicherlich nicht im Klima Münchens seinen Ursprung, wie er denn auch in ganz Deutschland selbst in den anerkannt gesündesten Districten unseres bayerischen Oberlandes häufig aufgetreten ist. Ebenso sind die Krankheiten mit entzündlichem Charakter, wie sie in Gegenden mit niederer Temperatur vorzukommen pflegen, in den letzten Jahrzehnten bei weitem in geringerem Grade und namentlich die Entzündungen der Athmungswerkzeuge mit weniger Heftigkeit aufgetreten.

Das Klima Münchens fordert in dieser Beziehung nur, namentlich wegen der rauhen Winde und raschen Temperaturwechsel eine etwas sorgsamere wärmere Kleidung und schützende Wohnung.

Selbstverständlich kommen in den heissen Sommermonaten, zumal wenn grössere Hitze längere Zeit währt, gastrische und gallichte Krankheiten zu Tage, denen am besten durch zweckmässige Diät vorgebeugt werden kann. Im Uebrigen kann die mehr feuchte als trockene Beschaffenheit des Münchner Klimas auch nicht als gesundheitsschädlich betrachtet werden, da die Erfahrung vieler Jahre beweist dass Regentage und feuchte Luft weit weniger Krankheiten erzeugen als grosse Kälte und Hitze. Auch die vielen Gewitter in und um München sind mehr gesundheitsbefördernd als schädlich, da sie allenfalls in der Luft angesammelte ungesunde Potenzen niederschlagen und beiseitigen. Nach Lamont werden circa 30 Gewitter des Jahres beobachtet, von denen die Mehrzahl südlich vorbeiziehen.

Betrachten wir noch die reine, wenn auch etwas rauhe Alpengebirgsluft, von der fast täglich München bestrichen wird, so lehrt die ärztliche Erfahrung, dass manche und viele Kranke, namentlich Nervenleidende, Schwächliche und Personen mit schlaffer Faser in der reinen scharfen Luft durch diese letztere ganz allein schon oft bedeutende Besserung und Genesung finden und tausendfach schon gefunden haben.— Was noch speciell die klimatischen Verhältnisse der die Umgebung Münchens nach einer Seite hin bildenden englischen Gartenanlagen betrifft, so haben diese noch Vieles für sich, was die Gesundheit des Klimas im Allgemeinen zu erhöhen und das Gesundheitswidrige abzuschwächen vermag.

Die im englischen Garten gelegenen Wohnungen und Orte, so namentlich Brunnthal sind einerseits durch das rechte Steilufer der Isar vor den directen scharfen Alpenwinden grösstentheils geschützt. Von der kalten rauhen Nordluft schützt sie anderseits hier die Stadt selbst.

Brunnthal aber selbst mit einem grossen Theile von Bogenhausen sowie der ganze englische Garten sind vor den Einfällen der Isar und vor Hochwasserüberschwemmungen durch grosse Dämme hinreichend geschützt. Ist auch die Lage niedrig, sie ist doch nicht sumpfig und nicht feucht, sondern trocken und milde. Die reichen Baumanlagen aber durch ihre Verdünstung reinigen die Luft und während die tiefere Lage Brunnthals die rauhen Winde im Winter mildert, so moderirt auch der Schatten und die Wasserverdünstung der Bäume die heissen trockenen Tage des Hochsommers. Der Wald und die Isar selbst mässigen sonach die hohe Hitze und das 80' hohe Steilufer bricht die Kälte, so dass ein gesundes gemässigtes und angenehmes Klima Brunnthal und den englischen Garten beherrscht, sowohl im Winter wie im Sommer.

11

Der englische Garten.

> Horch! der Hain erschallt von Liedern
> Und die Quelle rieselt klar.
>
> Schiller.

Je mehr eine Stadt an Grösse zunimmt, je mehr Gebäude sich an Gebäude in ihrem Innern reihen, je üppicher überhaupt die Bevölkerung wächst, desto nothwendiger ist es für die Gesundheit der Bewohner, in der nächsten Nähe der Hauptstadt Gärten und Anlagen zu besitzen, die den Städter ausruhen und frei athmen lassen nach den Mühen des Tages, die er in den 4 Pfählen seiner Wohnung oder innerhalb der Ringmauern der Stadt zu vollführen gezwungen.

Solche Anlagen mit dem saftigen Grün der Blätterdächer ihrer himmelanstrebenden Bäume, mit Wiesgründen und rasch dahin fliessenden Wasseradern haben eine viel grössere Bedeutung als was das Vergnügen selbst für die Spaziergänger und Lustwandelnden betrifft.

Solch' eine „Sommerfrische", solch' einen Hain bildet mit seinen millionenfaltigen grünen Blättern einen gewaltigen Vermittler des Stoffwechsels zwischen Menschen- Thier- und Pflanzenwelt. Nicht allein, dass das Verdunsten des Wassers*) durch die Pflanzen die Luft reinigt, und die trockenen schwülen Dünste wohlthuend für alle Lungen durchfeuchtet, — das Grün solcher Anlagen bietet noch mehr. Die ungeheuren Mengen von Kohlensäure, welche in volkreichen Städten durch die Ausathmung der Menschen wie durch die verschiedensten Handwerke und Geschäfte

---

*) Eine Eiche z. B., überhaupt ein reichbelaubter Baum ist im Stande, in einem Tage einen Eimer Wasser zu verdunsten, d. h. das aus dem Boden genommene Quantum Flüssigkeit in Dunstform der Luft zu übergeben durch seine Ausathmung.

die Luft zum Athmen untauglich machen würden; werden von den Blättern der Bäume und Pflanzen den ganzen Tag hindurch eingeathmet und aufgenommen. Jede Pflanze bildet nemlich ihr Skelett aus Kohlenstoff, den sie hauptsächlich aus der Luft nimmt. Dafür aber, dass die grünen Matten und luftigen grünen Baldachins der Bäume die für unsere Lungen gefährliche, ja tödtliche Kohlensäure für sich aufnehmen, geben sie auf die dankbarste Weise das Beste zum Leben, ja das Nothwendigste uns dafür in grossen Mengen ab. Die Pflanze athmet Lebensluft, den Sauerstoff aus, diese erste Grundbestimmung alles Lebens für Mensch und Thier. Ohne dieses Pflanzengrün wäre sonach ein Leben für die Dauer unmöglich, und diess wäre um so mehr in sehr volkreichen Städten mit engen Strassen, sowie in deren nächsten Umgebung der Fall.

Von diesem hauptsächlichsten, für Leben und Gesundheit so hochwichtigen Standpunkte aus betrachtet, sind grössere zur Stadt und deren Bewohner im Verhältniss stehende Gartenanlagen von der allergrössten Tragweite*).

Diess hat man schon längst gefühlt, viel länger als die Chemie die Pflanzen als Vermittlerinnen des Stoffwechsels wissenschaftlich dargelegt hat.

Instinktiv gleichsam wurden wohl Anfangs mehr zum

---

*) Darum ist es von grösster Schädlichkeit und ein grosses Vergehen gegen Gesundheit und Leben der Bewohner grosser Städte, wenn man ihnen die letzten Reste frischen Grüns entzieht, um aus Speculation oder Nothdurft immer nur mehr Häuser zu bauen, wie dies in letzter Zeit in Wien geschah, wo auch die letzten schönen, so dringend nothwendigen Anlagen vor der Stadtmauer und den Wällen fallen mussten, um pallastähnlichen Häusern Platz zu machen. Dass dies auf die Erkrankungs- und Sterblichkeitsstatistik einen Einfluss von einigen Mehrprozenten ausübt, wird sich schon sehr bald nachweisen lassen.

Vergnügen in allen grösseren Hauptstädten Hof-Prunk- Volksgärten oder Parks angelegt.

So hat Wien doch noch seinen berühmten Prater, seinen Au- und Volksgarten gerettet; die bischöflichen Residenzen wie Würzburg und Bamberg haben ihre Hofgärten und letztere Stadt ihren prachtvollen Theresienhain u. s. w.

Man weiss darum in München, namentlich heute wo die Einwohnerzahl dieser unserer Residenz gegen die vor 50 Jahren um das dreifache zugenommen hat*) und wodurch eine grüne Schatten und frische Luft bietende Umgebung viel dringlicher nothwendig geworden ist, wie vor einem halben Jahrhundert, — wahrlich nicht, Wem man zu grösserem Danke verpflichtet ist, ob dem genialen Churfürsten Carl Theodor, der 1789 die Idee zum englischen Garten fasste oder dem edlen verdienstvollen Grafen Rumford**), der den Plan zur Wirklichkeit machte.

Eine Anlage aber wie unser englischer Garten, der all' das Characteristische eines Prunk-, Hof- und Volksgartens in sich schliesst, der Pracht, Reiz und Würde mit Einfachheit und Grossartigkeit verbindet, welcher dabei in solcher Nähe der Stadt und in einer so weitläufigen Ausdehnung, einen Erholungs- und Tummelplatz für Fussgänger, Reiter und Carossen bildet, dürfte schwerlich irgend eine andere Stadt Europas aufzuweisen haben.

---

*) Im Jahre 1580 zählte München nur 20,000 Einw. 1771 hatte es 31 und 1782 schon 37 Tausend Einw. 1801 zählte München 43,745 Seelen; 1818 aber 53,672. — Der Stand der gegenwärtigen Bevölkerung ergibt 1862 mit Einschluss des Militärs in Summa 148,201 Einwohner (23,479 Mann Soldaten).

**) Benjamin Thomson, gebürtig aus Rumford, einer Stadt Amerika's, war in England zum Ritter erhoben, durch Churfürst Carl Theodor nach München berufen und zum Grafen von Rumford erhöht.

In den schattigen Labyrinthen, unter diesen grünenden Hallen lustwandeln und athmen täglich frische reine Lebensluft der Fürst und der erste Staatsmann, der ruhige Philosoph und der sinnige Dichter, der arbeitsmüde Bürger und der Erholung suchende Arbeiter, — der dienstfreie Soldat und die ihren Ausgang habende Dienstmagd. Jedem Stande öffnet hier die duftende Natur ihre reizenden Arme.

Während sich das Volk in zahlreichen Massen sehen lässt, wandeln Einzelne durch die blüthenreichen Baumgänge und Buschgruppen, die vom tausendstimmigen Concerte der Vögel ertönen. — Hier vertrauen sich am kühlen Ufer sanft hinrauschender Bäche, umkreist von einer Möven-Schaar, verwandte Herzen ihren Schmerz und ihre Freuden; dort vereint die sinnende Melancholie ihre Klagen mit dem eintönigen Geräusche der Wellen an den brausenden Wasserfällen.

Ostnördlich von der Stadt am diesseitigen Ufer der Isar hinabgelegen, wurde der englische Garten an der Stelle des ehemaligen Hirschangers, auch Hirschau genannt in den sogenannten wilden Auen und Laubholzwaldungen angelegt, und so die 695 Tagwerk oder 1½ Meile starke Strecke sumpfiger Wiesen und moorerdiger Wildniss in fruchtbares Land umgewandelt.

Der Wald des früheren Hirschangers fing 1200 Schritte von der Stadt entfernt an und erstreckte sich rechts von der Isar und links von dem Schwabingerbache begränzt, eine gute Stunde weit ostnordwärts.

Die Isar aber brachte seit Jahrhunderten den Samen von den entfernten Gebirgsgewächsen in ihrem Laufe mit und befruchtete bei ihren öfteren Ueberschwemmungen, denen vorzüglich diese verlassene Gegend des Hirschangers ausgesetzt war, (welch' Ueberschwemmungen aber jetzt durch einen festen Damm seit 1790 und durch die neueren Flussbettregulirungen abgeholfen ist) diese Niederungen mit mancherlei fremden Gattungen von Gewächsen, über deren Reichhaltigkeit man staunen muss, wenn man die Flora um München näher betrachtet. Um so angenehmer kamen diesen herrlichen Mischungen des Grüns, die hier anwüchsigen Alpenpflanzen, die verschiedensten Formen der Sträucher und Büsche, die Blüthen zu allen Jahreszeiten, dieser natürlichen Gartenanlage zu Hülfe.

Die Isar, dieser prächtige Alpenstrom bietet schon an sich namentlich in dieser Gegend um München an seinen Ufern eine höchst gemischte Vegetationsform dar. Diese Vegetationsformen, die bald Wald, bald Trift, bald halb Wiese bald halb Sumpf sind, werden im Allgemeinen „Auen" genannt.

Diese Isarauen nun geben besonders da, wo der Theodors-Park oder englische Garten sich hinzieht, ein Landschaftsbild von charakteristischer natürlicher Schönheit und Mannigfaltigkeit, das durch die Kunst noch erhöht wurde zum reizendsten Gemälde.

Der alpinische Charakter der Flora mit ihrer untermischten Hochalpenvegetation führt uns darum auch die schönste Abwechslung in Baum, Strauch, Blume, Kraut und Gras vor. Die Alpenliane mit ihren grossen herrlichen purpurnen Blüthen umrankt die Gebüsche der Weisserle und Weide, die aus dem Kiesboden hervorsprossen.

Die Griesbeete selbst sind bedeckt von blumenreichen Rasen der Dryaden, Globularien (Kugelblumen), Coronillen (Kronenwicken), Saxifragen (Steinbrech), Alpen-Hutchinsien, Iberis (Bauernsenf) und Alpen-Sinarien (Frauenflachs) und vielen anderen Abkömmlingen des herrlichsten Alpenflores.

Diese Alpenflüchtlinge bedecken die Ufer des Stromes in buntester Abwechslung und ein Theil davon wandert durch den englischen Garten hindurch noch weit hinab bis unterhalb München.

Von diesen Auen, die schon an sich bei manchen Stellen das Bild tropischer Wälder darstellten und durch die üppige Wucherung krautartiger Gewächse und eines dichten und blüthenreichen Unterholzes, das umrankt von der deutschen Liane, dem kletternden duftenden Hopfen und der graziösen Waldrebe (Clematis vitalba) ein grotesk verschlungenes Dickicht bildete, wurden an 700 Tagwerken verwendet, um die Natur noch durch die Kunst zu veredeln, um auch die verborgenen und zuvor schwer zugänglichen Reize der Flora hier Allen geniessbar zu machen.

Wie bezaubert da nicht oft im Schatten des Dickichts ein Fleck Altwasser mit Schilf, geschmückt von Seerosen und gelbblühenden Irideen, gestreift von einem zitternden Sonnenstrahle oder im Abendlichte ein leichtes silberglänsendes Weidengehölz an dem Ufer des rauschenden Stromes, zwischen malerischen Baumgruppen?

Die beste Verwendung solcher Auen sind die zu grossartigen Anlagen und die Herstellung solcher Parks ist die schönste Aufgabe der Landschaftsgartenkunst.

Eine der gelungendsten Lösungen solch eines idealen Vorwurfes ist unser englischer Garten mit der ganzen Hirschau.

Hier befinden sich noch Altwässer mit Schilf und Seerosen, Weiden und Erlengebüsch, Enzianen, Primeln, Veilchen u. s. w.

Nachdem die ersten Anlagen des englischen Gartens unter Rumford bis zu einem grössern Grade vorgeschritten waren, berief 1803 der mit so vielem Sinn für die Schönheiten der

Natur so reichbegabte König Max Joseph den Gartenkünstler F. L. Sckell aus Schwetzingen und übertrug ihm die Verschönerung des schon Bestandenen. Der Kunstgeschmack und das Kunsttalent eines Sckell hat es nun vollends verstanden, das von der Natur gebotene Schöne treulich zu benützen und aus dem versumpften Walde, sowie aus der theils morastigen, theils kiesigen Au einen harmonischen, geordneten und originellen Park, ein fruchtbares Land mit Kanälen und Bächen, Wegen und Pflanzungen, überhaupt ein Meisterstück der Landschaftsgärtnerei hervorzuzaubern.

Sckell pflanzte neben den einheimischen auch nordamerikanische und andere fremde Gehölzarten an nach den verschiedensten Formen und nach den buntesten Farben.

Sein Nachfolger C. Sckell fuhr im Geiste seines Oheims fort, mit unermüdeter Thätigkeit zu pflegen und zu schaffen, und so ist nun dieser frühere Theodor's-Park unter der Aegide eines Max Joseph und unter dem Scepter eines hochkunstsinnigen Ludwig noch mit Monumenten und derlei Verschönerungen bereichert worden, so dass er einzig dasteht unter den grossartigsten Parken.

Mitten aus einem einsamen Dickicht, das einen kleinen dunklen See beschattet, aus dem Röhricht und Binsen, Calmus und Schwertlilien schüchtern ihre Kronen erheben, heraustretend, werden wir gar oft plötzlich überrascht durch den Anblick der dem Auge schon längst verschwundenen Frauenthürme.

Lässt man aber den Blick südlich durch die Waldöffnungen in die Ferne schweifen, so hat man gar oft einen Theil der schneebegrenzten Tyroleralpen vor sich.

Ueberhaupt wurden Ortschaften, Kirchen u. s. w., die schon viele Jahrhunderte für sich bestanden, von näher und ferner in diese grossartige Gartenanlage hereingezogen.

So sind das alte schon 782 bekannte, an einer römischen Heeresstrasse gelegene Suapinga oder Schwabing, jetzt mit seinem neuen zoologischen Garten, sowie die noch ältere Villa Vöhringen oder Föhring, schon um 750 urkundlich vorkommend, dem englischen Garten gleichsam vereinigt und bilden heute Ruhe- und Erholungspunkte für den Wanderer.

Und wie früher gegen Ende des vorigen Jahrhunderts das für das Emporkommen München's als Stadt so bedeutungsvolle kleine freisinnige Föhring von den Freisinnigsten der Münchner Bürgerschaft fleissig besucht wurde, um daselbst die in der churfürstlichen Hauptstadt verbotenen Blätter, namentlich die oberdeutsche allgemeine Literaturzeitung bei einer Tasse Kaffee oder einem Kruge guten Lagerbieres ungestört lesen zu können, — so wandern heute Tausende nach den klaren und gesunden Brunnenquellen zu Bogenhausen, das schon als ältester Pfarrort Münchens um 776 bekannt.

Von dem Portale des Hofgartens aus führt eine breite Strasse, mit sanftem Abhange in den englischen Garten. Eine von Franz Schwanthaler gearbeitete Statue eines Jünglings ladet zum Besuche des Parkes ein mit dem Motto:

„Harmlos wandelt hier, dann kehret neu gestärkt zu jeder Pflicht zurück."

Von dem von Professor Fischer für den Minister Salabert erbauten, jetzt erweiterten Prinz Carl's Palais vorüber eröffnen 3 Wege für Fahrende und Reitende die Richtungen des Gartens.

Diese Fahrwege werden häufig parallel und dann wieder in wellenförmigen Linien, von mannigfachen Fusswegen begleitet, die beschattet von hochüberlaubten hundertjährigen Bäumen und dichten Gesträuchen, nach manchen verführenden Krümmungen und Irrwegen oft wieder unter dunklen Jasminlauben auf die Fahrstrasse münden. Brücken von verschiedenen Formen führen über die Bäche und Kanäle.

Einer der besuchtesten Fusswege, der den Garten an der Süd- und Ostseite begrenzt führt an dem bescheidenen Denkmale Rumfords vorüber und lässt zur Linken eine liebliche, von Wasser umströmte Partie — ein Inselchen — liegen, in dessen Nähe der Wasserfall unter dumpfem Gebrause zwischen schroffen dunklen Dolomit- und Nagelflue-Blöcken sich hindurchwindet. Während links nahe beim Wasserfall sich das schöne Brunnenhaus befindet, hat man zur Rechten den grossen Paradiesgarten. Neben Pavillons und Sommerhäuschen, von denen manche regenschirmartig auf Baumstämme errichtet, zum Schutze und zum Ausruhen dienen, zwischen Ruhebänken hinter einer grossen Gruppe von alten Fichten, liegt das Dianabad und dicht daneben die Wirthschaft zum Himmelreich. Von hier führt über eine Brücke zur Linken der Weg zu dem Monopteros, dem von König Ludwig zum Andenken an Carl Theodor und Maximilian Joseph auf einer künstlichen Anhöhe erbauten Tempel, dessen Kuppel von 10 prächtigen Säulen im jonischen Style getragen wird. Von da aus, sowie von dem rechts davon gelegenen chinesischen Thurme, einer der ältesten Bau-Anlagen des englischen Gartens, geniesst man eine reizende Aussicht. Die 4 Abtheilungen oder offenen Stockwerke dieses Thurmes führen mittelst einer Wendeltreppe zum Spitzpavillon, von dem man aus den ganzen Garten über die Wipfeln der höchsten Bäume und rings über Münchens Häusermeer, Kirchenkuppeln und Thürmen hinweg über Dachau, Freising u. s. w. in eine fast ermüdende Ferne schaut.

Ueberall darneben laden Wirthschaften und Kaffeehäuser

zur Ruhe und Erquickung ein. — Von hier aus scheiden sich zwei Wege; der eine wendet sich rechts nach Tivoli, einem Restaurationsplatze vorüber, hinter dem sich die stattliche Ludwigs-Walzmühle erhebt über die Isar- oder Bogenhauserbrücke nach dem wohlhabenden, mit Quellen reich gesegnetem Dorfe Bogenhausen.

Oberhalb Brunnthal an der Stelle des früheren freundlichen Schlösschens Neuberghausen, erhebt sich jetzt majestätisch das vom König Max II. erst im letzten Jahre errichtete grossartige Versorgungshaus für Beamtens-Waisentöchter, für 100 Personen bestimmt.

Von hier aus geniesst man einen der schönsten Prospekte nach der Hauptstadt zu über ihren reissenden Strom und über beide hinweg nach der duftig blauen Alpenkette. Rückwärts von diesem ehemaligen Neuberghausen erblickt man auf der Höhe die Sternwarte nach den Plänen Reichenbach's und Soldner's von dem Bauintendanten Thurn vollendet.

Der zweite vom chinesischen Thurme wegführende Weg geleitet an dem früher für besondere Hoffeste erbauten und für wenigstens 150 Personen Raum bietenden Speisesaale dem sog. Rumfordsaale, dessen erhöhter Eingang mit 6 jonischen Säulen geziert ist, vorüber nach Kleinhessellohe und nach dem nahen Milchhäuschen.

In ländlicher Einfachheit von Bäumen der verschiedensten Art, was Form, Schwung und Laubfärbung betrifft und reich blühenden Gebüschen umlagert, bieten diese Plätze Ruhe und Erfrischung.

Vor Kleinhessellohe erheben sich die Monumente, welche König Max I. dem Intendanten v. Sckell und König Ludwig I. dem Freiherrn v. Werneck errichteten, welch' letzterem wir eine der schönsten Partien des Gartens, die Anlage des 24 Tagwerk grossen Sees verdanken. Letzteren umgeben die üppigsten Pflanzungen, die durch ihre malerische Harmonie vom hellsten Licht bis zum grauesten Dunkelgrün in grossen wellenförmigen und pyramidal himmelanstrebenden Baumgruppen wechselnd in Weiden, Buchen, Eichen, Rüstern, Ulmen, Erlen, Birken, Platanen und Pappeln dem Bilde einen eigenthümlichen mysteriösen Zauber verleihen. Im See selbst steigen 3 von Bäumen dicht beschattete Inseln empor, die in den klaren Wellen sich malerisch wiederspiegeln. Gondeln und Schiffe beleben an heiteren Sommertagen den einladenden Wasserspiegel, auf dessen Eisfläche auch im Winter sich Tausende von Schittschuhläufern tummeln.

Im Verlaufe der Strasse nach Osten kommt man in den untern Theil des Gartens, in die eigentliche Hirschau, wo Dammhirsche gehegt werden, und zum Aumeister. Auch hier lagert sich's so reizend unter dem Schatten hoher Eichen, Buchen und Föhren bei einem frugalen Imbisse.

Nordostwärts führt der Weg nach dem Lustschlosse der verwittweten Königin Karolina, nach Biederstein mit Meiereien, herrlichen Gartenanlagen und Gewächshäusern. Auf dem Rückwege von Biederstein nach der Stadt erblicken wir zur Rechten jenseits der Brücke das lange vor München schon bestehende alte Schwabing, ein grosses freundliches Dorf, mit mehreren Lust- und Kaffehäusern und vielen Gärten. In den Anlagen selbst führt uns der Weg sofort in den neuen von Benedict errichteten schönen zoologischen Garten.

Von hier an der Thierarzneischule vorbei gelangt man wieder an so mancher prächtigen Villa in der Königinstrasse vorüber zum Prinz Carl's Palais, von dem aus wir unsere Wanderung angetreten.

Aber noch ein anderer Hauptweg führt seit jüngster Zeit mitten in den englischen Garten. Von der neuen Maximiliansstrasse, diesen Münchner Boulevards aus mit ihren im Schatten der Kastanien und Platanen sich erhebenden Monumenten und grossartigen Bauwerken über die Maximiliansbrücke, den Prater zur Rechten lassend, gelangt man zur Anhöhe auf der sich in malerischer imposanter Fronte stolz das Maximilianeum erhebt.

Hinter diesem steigt in gothischem Style, luftig die durchbrochene Thurmspitze gegen den blauen Aether erhebend, die neue Haidhauser Kirche, Münchens höchster Punkt, majestätisch himmelwärts.

Von hier an dehnen sich die unter König Max II. von der sinnigen Hand des Hofgärtners Effner ausgeführten Isaranlagen längs des Gasteigberges am rechten Ufer der Isar hinab bis zum neuen Versorgungshause aus, wo sie vor Bogenhausen am Uferdamme münden.

Diese Anlagen, durch welche die breitesten zierlichsten und bessten Fuhrwege und Gehpfade bergauf bergab sich hinschlängeln, umschattet von den üppigsten Gruppen in- und ausländischer Sträucher und Bäume, bieten wegen der Höhe des Terrains die wundervollste Fernsicht auf die Stadt, über den ganzen englischen Garten und in's Hochgebirg.

Zu Füssen die buschigen silbergrauen Weiden, an denen der rauschende Strom vorübereilt, belebt von hunderten von Flössen, die Holz und Salz, Gyps und Kohlen aus den Gebirgslanden bis Wien führen, — wandert man über grüne Matten oder ruht sich aus unter gefüllt rothblühenden Hagedorn, der mit seinen tausenden und tausenden von Röschen uns umduftet.

Dort führt der Weg an klaren Quellen vorüber, mit denen dieser Uferhügel so reich versehen ist. — Unter den grotesken Blöcken von Tuff- und Tropfsteingebilden, rauschen die kühlen klaren Silberadern im ewigen Schatten gebettet hervor. Hier rauscht ein kleiner Bach über grosse Felsmassen, daneben zeigt ein ruhiger, ewig klarer tiefblauer Spiegel den Ursprung eines neuen Wasserfadens. In solcher Umgebung gelangt man neben Ruhebänken vorüber über kleine Hügeln und durch Thäler in die von pyramidalen Pappeln eingefasste Allee, die an das quellen- und brunnenreichen Thal sich anschliesst. Von hier über die Brücke hinüber gelangt man wieder nach Tivoli oder den Isardamm, am linken Ufer aufwärts wandernd, an einem Kupferhammer vorüber an den Paradiesgarten.

Will man den vollen Ueberblick und gleichsam eine Fronte von diesen grossartigen Isaranlagen geniessen, so begibt man sich, ehe man die Maximiliansbrücke betritt, links am diesseitigen Isarufer dem sogenannten Griese abwärts. Gegenüber vor sich hat man den ganzen Prospekt des Maximilianeums und des Haidhauser Domes, — und wir gewinnen hier einen Totalüberblick über das ganze jenseitige Ufer mit seinen bunten Blattgruppen und weissglänzenden Wegen, mit seinen Felsgrotten und plätschernden Wässern.

Vom untersten Ufer des Stromes an, das täglich mit Freunden des Fischfangs, die ruhig wie verlorene Posten oder wie beutelustige unbewegliche Reiher dasselbe belagern, reich staffirt ist, bis hinauf, wo die goldschimmernden Carossen rasseln, sehen wir ein reges Bild des buntesten Lebens, der Heiterkeit und Freude in einem reizenden Landschaftsgemälde.

Dem Gries entlang an einem mit Trauerweiden beschatteten dunklen Altwasser dicht am Kupferhammer vorüber, wo das beständige Tick-tack an des schönen Steierlands enge Thalschluchten erinnert, unter tiefen Schatten mächtiger Weiden durch enggewundene Fusspfade hindurch oder über einer kleinen Brücke das Abfallwasser des Hammerwerkes überschreitend, durch den Wiesgrund dahinwandelnd, gelangt man ebenfalls an die Isarbrücke, die rechts nach Bogenhausen und an dem Garten des Herzog Max vorüber nach Föhring führt.

Mitten in diesem reizenden Eldorado, da wo die grosse Holzbrücke die beiden Ufer des goldführenden Stromes verbindet, da wo die Anlagen münden und am rechten Ufer der Weg in die Hirschau und am linken Ufer zum chinesischen Thurm und Aumeister führen, also im Mittelpunkte des ganzen grossen Naturbildes, so zu sagen im Herzen dieser blühenden Landschaft liegt das liebliche Brunnthal am Fusse der Bogenhauser Anhöhe.

Hier hat der Gott des Wassers seinen schönsten Sitz aufgeschlagen, und Nymphen und Najaden, die Beschützerinnen der Quellen feiern hier unter schattigen Kastanien ihre schönste Ruhe. Hier sprudelt in unversiegbaren Silberbändern in hochanstrebenden Fontänen und fallenden Cascaden die erfrischendste Gabe des Himmels, — das reinste Quellwasser, — ein Nass, auf das der Satz Pindars mit Recht passt:

„Das Beste von Allem ist doch das Wasser."

Ein klarer und murmelnder Forellenbach leiht der idillischen Landschaft hier noch höhere Weihe und vereint das Angenehme und Gesundheit Bringende mit dem Nützlichen auf die schönste Weise.

Brunnthal als Bad.
Wichtigkeit der Quellen und Bäder überhaupt in geschichtlichen Umrissen.

Motto: Te fontes loquuntur!
(Von dir werden die Quellen reden!)

Was die „Bäder und das Baden," das frische Wasser überhaupt als Gesundheitförderndes und vor Krankheiten schützendes Reinigungs- und Heilmittel schon seit den ältesten Zeiten für eine hohe Bedeutung hatten, geht aus den verschiedensten Schriften und Anordnungen hinreichend hervor.

Bei den alten Hebräern schon waren die Bäder als Gesundheitsmittel in die Reihe der religiösen Uebungen versetzt und zum Ceremonialgesetze erhoben.

Gleich eifrig badete der Muselmann von Alters her und huldigt diesem wohlthuenden Gebrauche heute noch in ausgedehntester Weise. Hier mussten vom Anfange an bei den mehr uncultivirten Völkern weise Gesetzgeber zugleich auch neben der Lehrer- und Priesterwürde das Amt der Gesundheitspolizei handhaben. Daher entstanden diese so nothwendigen und nützlichen Bräuche unter den Nationen des Orients.

So war das Bad überhaupt bei alten Völkern überall zu einem religiösen Cultus erhoben. Die Juden beteten vor dem Bade für Heilung von Leiden und für Abwendung von Gefahren (Talmud Berach). Es lag auch nicht ferne die Reinigung und Belebung, die dem Leibe durch das Bad verschafft wird, als Symbol geistiger Reinigung anzusehen. Hieraus leitete sich die Idee der Sühnung ab. Man wollte mit der körperlichen Abwaschung auch die geistige Makellosigkeit andeuten. Diese sühnenden Waschungen und Bäder finden sich durchgehends bei den Aegyptern, Juden, Türken, Griechen, Römern u. s. w.

Die Römer badeten die Neugebornen am 8. oder 9. Tage nach der Geburt im sogenannten Baptisterium, und legten ihnen dann einen Namen bei. Diese Gewohnheit finden wir später bei den Mexikanern gerade so gut, wie bei den alten nordischen Heiden (den Germanen). — Von da ging das Baden der Neugebornen aufs Christenthum über, ebenso gut wie andere spätere christliche Gebräuche nur entlehnt sind. So befand sich auch am Eingange jedes griechischen Tempels ein Behältniss mit sogenanntem Weihwasser. Ebenso stand auf der Acropolis gleich oberhalb der Propyläen ein Knabe von Erz mit dem heiligen Wasser.

Dieser Uebergang des Begriffes Heilung auf Sühnung findet sich bei allen alten Nationen und heute noch bei den Heiden verschiedener Welttheile.

Der Mohammedanismus hat die Zusammengehörigkeit von Kirche und Quelle beibehalten. In der grossen Moschee zu Mekka ist der heilige Brunnen Zemzem, dessen Wasser als Heilmittel gegen alle Krankheiten gebraucht wird.

Im Alterthume gab es Orakel- und Schwurquellen und es wurde nichts Wichtiges unternommen ohne Bad und ohne Quelle. Daraus entstand auch die Naturpoesie bei allen Völkern, vermöge welcher das Wasser dem Schutze eigener Gottheiten anvertraut war. Die Slaven verehrten Rusalken, die Gallier Ondinen, die Deutschen ihre Nixen, die Griechen und Römer ihre Nymphen oder Najaden u. s. w.

Zur christlichen Zeit wurden gewisse Heilige zu Schutzpatronen der Quellen erhoben. Gewisse Tage wurden zu sogenannten Badetagen erhoben und später als christliche Weihetage geheiligt und geehrt. Der St. Johannistag war ein solch feierlich gehaltener Badetag. Das St. Johannisbad war zu Cannstatt z. B. ein altes, erst 1602 abgestelltes Herkommen, das auf dem Glauben beruhte, dass wenn man am St. Johannistage von Mitternacht bis Mitternacht, also 24 Stunden im Wasser sich aufhalte, dies so wirksam sei, wie eine Kur von 4 Wochen.

Nach dem Ausdrucke des Vogtes zu Cannstatt war dies: „ein recht abscheulich ärgerlich und recht abgöttisches Papstthumstücklein." —

Alle alten heidnischen Völker brachten den Quellen ihre Opfer dar, — denn der Ursprung eines Flusses, also die Quelle war ihnen heilig. — Der sog. Kopf des Gewässers, wo das Wasser eben erst aus der Erde drang, wo es noch unversehrt war, wurde „jungfräulich" genannt; die παρϑενος πηγη (die jungfräuliche Quelle) der Griechen. Damit hängen auch die Sagen der Umwandlungen von Jungfrauen in Quellen zusammen.

Gegen diese Opfer an den Quellen hatten bei Bekehrung unserer Ahnen zum Christenthume die Bischöfe und Päpste viel zu kämpfen. So duldete der heilige Bonifaz nicht einmal die von einigen Geistlichen auf den Feldern bei Quellen errichteten Votivtafeln und Kreuze, die auch das Concil von Soissons 744 wirklich verbot. Papst Gregor III. ermahnt die getauften Deutschen vor den heidnischen Gebräuchen und namentlich von den Orakeln der Quellen abzustehen. Der heilige Ladislaw, König von Ungarn (1095) bestrafte die noch hie und da auf den Bergen, an Quellen und in Hainen Opfernden jedesmal mit der Abnahme eines Ochsen u. s. w.

Sich den Genuss der in damaliger Zeit so üblichen und

allgemein gebräuchlichen Bäder zu entsagen galt bei den orientalischen Völkern sowohl, sowie bei den späteren Christen von jeher als eine Abtödtung des Fleisches und wurde dem Fasten gleich erachtet als Busswerk. Der Apostel Jakobus der Jüngere enthielt sich aus Gottesfurcht vom Bade. Ebenso der heilige Antonius, der heilige Evagrius, der Spitalmeister Isidor zu Alexandrien, der Bischof zu Pavia, Epifanias (466), der heilige Fulgentius u. s. w. Der heilige Udalrich (973) Bischof zu Augsburg, die heilige Elisabeth und andere heilige Männer und Frauen betrachteten die Entbehrung des in damaliger alter Zeit gebräuchlichen und so wohlthuenden Gewohnheitsbades als ein hohes Busswerk.

Auch bei den heidnischen Secten Indiens besteht ein Haupttheil ihres Religionscultus im Baden und im Reinigen des Leibes. Kein Indianer lässt einen Tag vorbeigehen ohne sich ganz zu waschen und zu baden.

(Wie weit sind heutzutage hierin oft noch die sogenannten Gebildetsten der civilisirten Völker zurück!)

Der alte Ganges, von Badenden besucht, ward immer bis heute als eine hehre Gottheit verehrt. Zur heiligsten Badestelle des Ganges, dem Bade von Hurdwar, war im Jahre 1820 der Zudrang der Wallfahrer so gross, dass über 1000 Menschen dortselbst erdrückt wurden. So war auch der Nilstrom den Aegyptern ein Gott, der Frauen und Länder befruchtete. Daher stritten die Aegypter mit den Caldäern ob der Wasser- oder der Feuergott grösser und mächtiger sei und der Wassergott siegte, denn er war ein Gott, der die Gesundheit stärkte und Heilung brachte. In diesem Sinne sagt auch Plinius: „Dies Element (das Wasser) herrscht über die übrigen Elemente alle."

Bekanntlich standen auch die Bäder bei den Griechen in grösster Achtung und die „Kalokagadia" — die Schönheit,

Gesundheit und Kraft des Leibes, der der Tempel einer trefflichen Seele sein sollte, ward vorzüglich bei diesem ästhetischen Volke herangebildet durch Bäder und Körperbewegungen. Durch diese ihre Bäder suchten sie die Reize des Körpers mit dessen Kraft zu einigen. Darum singt auch schon der alte Homer von der badenden Nausicaa, von dem badenden Agenor und der Heilung des verwundeten Hector im Xanthos. Hercules als göttlicher Beschützer der Thermen — der warmen Bäder — verehrt, lässt auf alten Münzen einen Strahl Wassers aus dem Rachen eines Löwen auf sich sprühen und bei seinem Gottesdienste goss man Wasser über seine Statue.

Ebenso finden wir die Kinder, Greise und Jungfrauen der Spartaner in kalte Bäder getaucht, die das Gesetz geheiligt hatte.

„Alles Uebel wäscht das Meer hinweg," sagt darum auch ein altgriechisches Sprichwort. — Bei den Macedoniern und Scythen musste Alles kalt baden.

Auch die alten Italer tauchten ihre Neugebornen in den Fluss und die kräftigen Römer der classischen Zeit, der Italer Nachkömmlinge, waren grosse Verehrer des Badens, was sich selbst noch dann erhielt, als sie schon an Kraft und Sitten verweichlicht mit ihren wollustsiechen Körpern zu den heissen Bädern flüchteten.

Damals war es auch, wo der verweichlichte Kaiser Augustus, welcher die Berührung eines Luftzuges scheute, der sich in eine trockene Wanne setzte, um sich Bewegung zu machen, schon am Rande einer Abzehrung stehend, aus seinem mit Pelzwerk tapezirten Zimmer auf den Rath des Antonius Musa heraustrat und durch den Gebrauch frischer Quellbäder und Begiessungen seine volle Gesundheit wieder erhielt.

In der gutrömischen Zeit waren überall in Rom und Umgebung gleichfalls öffentliche Bäder für das Volk bestimmt, zu denen man durch eine Art Glockenzeichen herbeirief, wie Martial berichtet. Reiche Leute stifteten für das Volk freie Bäder und man findet noch Steine mit darauf bezüglichen Inschriften, So z. B.

Balneum et lavationem
Solo privato gratuitam
In perpetuum dedit;

und auf einem anderen Steine:

Ut ex reditu
In perpetuum viri et impuberes
Utriusque sexus gratis
Lavarentur.*)

Auch unsere deutschen Ahnen und Urahnen des rauheren Klimas ungeachtet, waren demnach Freunde eines frischen erquickenden Bades. Sie haben wenigstens das Heilbringende des Wassers mehr geschätzt, wie so Viele ihrer verzärtelten Enkel und Enkelsenkel, welche genug gethan zu haben glauben, wenn sie wöchentlich einmal ihr Hemd waschen lassen, auf ihrer Haut jedoch, wie P. Frank mit Recht sagt: „**eine Lage von Unsauberkeiten unterhalten, aus der man, wie aus den Rinden eines abgesägten Baumes die Altersjahre des Schmutzes berechnen könnte.**"

Die allgemein erfrischende, stärkende und neu belebende Kraft des Elementes selbst war es, was die alten Germanen schon bestimmte, vielen ihrer Orten, die gesegnet waren mit

---

*) Bad und Abwaschung auf Privatboden gab unentgeltlich für ewige Zeiten;

Dass bei der Heimkunft Männer und junge Leute beiderlei Geschlechtes für ewige Zeiten unentgeltlich sich waschen können.

Quellen, den Namen Heilbrunnen, Heiligbrunnen beizulegen, um hiedurch die verjüngende Wirkung der Quellen an sich sowohl oder die durch dieselben erzielten wunderbaren Heilungen kund zu geben.

Das alto deutsche „Heilacprunno" zeigt die Verehrung unserer Ahnen an, die sie namentlich dort der Quelle zu Theil werden liessen, wo dies wunderbare Element aus dem Schoose der Erde sprang, und solch ein „Ursprinc" oder prunno war stets ein heilig gehaltener und viel besuchter Ort. Ihre Gottheiten verehrten die Germanen am liebsten in wasserreichen Hainen unter Bäumen. Der Rheinstrom empfing die Neugebornen, wie Klaudian singt: Natos explorat gurgite Rhenus, — d. h. die Neugebornen erprobt der Rhein mit seinem Wirbel.

Die alten Gallier hatten gleicherweise heilige Quellen, worin sie sich sowohl wuschen, wie auch ihre Kranken darin baden liessen,

Das deutsche Mittelalter unterhielt die Vorstellung von Jungbrunnen: Wer darin badet, heilt von Krankheiten und wird davor bewahrt.

Römer und Griechen personifizirten ihre Flüsse und Quellen in männliche Wesen. Ein bärtiger Greis giesst aus seiner Urne die strömende Quelle.

Bächen und Brunnen standen Nymphen vor. Die Römer scheinen überhaupt den Cultus ihrer Flüsse, Bäche und Quellen sehr ausgebildet zu haben, wie die Menge der diesen Göttern errichteten Denkmale beweist.

Tacitus auch sagt ann. 1. 79:
  Sacra et lucos et aras
   Patriis amnibus dicare,*)

---

*) Den vaterländischen (Gewässern) sind Heiligthümer, Haine und Altäre geweiht.

Herrlich stellt Homer den elementaren Streit zwischen Wasser und Feuer in dem Kampfe des Skamander und Hephaest dar.

Die alten Franken brachten beim Ueberschreiten eines Flusses demselben Opfer dar.

Wo aber grünes Land von dem heiligen Wasser der Flüsse oder Bäche umschlungen oder durchädert war, da bilden sich die altgermanischen Auen. Wie aber auch Grimm in seiner deutschen Mythologie vielfach nachweist, sind diese Auen vorzugsweise zur Wohnung der Götter geeignet.

So ist die Rede von einer Odins oder Wunsches ouwe (Au) und in Bayern lag ein Pholesouwa, Pholesowa etwa 4 Stunden von Passau, dessen die traditiones patavienses erwähnen. Es ist dies das heutige Dorf Pfalsau.

Phol aber war der allgermanische, gewaltig erhabene Gott Balder.

Die Zusammensetzung eines Wortes aus dem Namen eines Gottes mit „aue" deutet bestimmt auf den altheidnischen Cultus; denn nicht allein auf Bergen wurde die Gottheit verehrt, sondern auch in von Bächen umschlossenen Auen, da wo fruchtbare Wiesen gute Trift, und Wälder ihre Schatten gaben.

Schon diesen Erörterungen gemäss befinden wir uns da, wo neben dem mächtigen klaren Spiegel des Stromes noch eine Unzahl von sprudelnden Quellen die Wiesen und Fluren durchschlingt und befruchtet, in der blumenreichen Au neben dem labenden Quell auf einem culturhistorischen Boden im Sinne des echten Germanenthums.

Gibt es aber auch etwas Reizenderes für Körper und Geist so gleichmässig Wohlthuendes als eine frische Au, — eine Au im echten Sinne des altdeutschen Wortes?

Und unsere Isarau um Brunnthal ist sicher so ein Ort,

den auch unsere Urahnen geheiliget hätten oder vielleicht sogar geheiligt haben, wenn sich hierher ihre Ansiedlungen erstreckten.

Wie viel Geltung und welch' hohe Achtung das Wasser und dessen **heilsame** Wirkungen bei allen Völkern von jeher hatten, beweisen noch klarer die Belege der ärztlichen Schriftsteller der beiden grössten Nationen des Alterthums.

Pythagoras hatte schon 530 Jahre vor Christi Geburt den Gebrauch frischer kalter Bäder aus Aegypten nach Griechenland verpflanzt und als gesetzmässig seinen Schülern zur Kräftigung des Geistes und Körpers dringend empfohlen.

Noch mehr aber war es **Hippocrates**, (454 v. Chr.) dieser Träger und Urquell der grössten medicinischen Wahrheiten für alle Zeiten, der durch sein gewichtiges Wort die Anwendung der Bäder heiligte. Er ging in den Tempel des Aesculap, und aus den Votivtafeln der Genesenen erkannte er, dass das Wesentliche der Heilung durch Bäder vollbracht worden. Dieser hellste Stern erster Grösse am Horizont der Medizin sprach auch zuerst die Behauptung aus, dass kaltes Wasser wärme, warmes dagegen kühle, er kannte Begiessungen und Reibungen. Hippocrates verordnete auch schon den Gebrauch des Badeschwammes. So empfahl auch Herodicus, der zur Zeit des pelloponesischen Krieges 431—404 vor Chr. lebte, das Baden in Verbindung mit kunstgemässem Reiben zur Erhaltung, Stärkung und Herstellung der Gesundheit.

Als mit der Verweichlichung der Sitten und Körper das kühle Nass der frischen Quellen in den Hintergrund zu treten begann, da war es **Galen** 131—200 nach Chr., der Mann der Autorität so vieler Jahrhunderte, der Stifter der

Allocopathie, dessen Lehren heute noch gelten wie damals, der das kalte und warme Wasser, Begiessungen und kalte Bäder, das plötzliche Eintauchen nach warmen Bädern u. s. w. wieder in Aufschwung brachte.

Die griechisch-arabischen Aerzte der späteren Perioden aber hatten über die Menge ihrer Arzneistoffe das kalte Wasser gänzlich vergessen.

Auch in dem Walde der Finsterniss, welcher die Mönchsmedizin beschattete, rieselte kein Quell einer bessern, naturgemässen Einsicht. Die Natur wurde missverstanden. Die Wissenschaft wurde verdrängt vom falschen Glauben. Die Weisheit und Erfahrung des Alterthums war zum Teufelswerk gestempelt und verrufen worden. Gebet, Weihwasser und Reliquien waren zu Hauptmitteln erhoben.

Selbst das Beispiel Karls des Grossen, der das Baden und Schwimmen wieder sehr begünstigte und anordnete, hatte im mächtigen Frankenreiche nicht lange gefruchtet. Erst der Aussatz und die Pest zur Zeit der Kreuzzüge, diese Geiseln des Himmels, nöthigten wenigstens wieder zu warmen Bädern, die nun allgemein eingeführt wurden. Es entstanden nun Badehäuser und Badestuben für Arme.

So finden wir vor 4 und 5 Jahrhunden noch in allen Städten dann grösseren und mittleren Orten Badestuben, und deren Besitzer als wirkliche Bader. Dort wurde täglich warm gebadet und geschwitzt und milde Stiftungen waren überall vorhanden, um Allen, selbst dem ärmsten Taglöhner allwöchentlich wenigstens sein Bad umsonst gebrauchen zu lassen. Sommer und Winter wurden wöchentlich 1—2mal diese sogenannten Seelbäder gerichtet, — Frei- oder Gratisbäder für Arme, welche reiche Leute ihrem eigenen Seelenheile und ihrer Mitbrüder Gesundheit zu Liebe gestiftet hatten.

Die Badestuben hatten damals in Deutschland eine solche Verbreitung gefunden, dass der Physikus zu Steyr im Jahre 1610 mit Recht sagte: „Durch ganz Teutschland ist nichts bekandtres, nichts geübteres als diese Leíb Ringerung durch den Schweiss, — das Schweiss- vnd Dampfbaden, — darauf der gemein Böffel vnd viel ansehnliche Burger — dermassen steif vnd stark halten, dass sie vermeynneten viel verloren zu haben, wann sie nit alle Sambstag vor dem Sontag, oder alle Feyrabend vor den Fest- vnd Feyertägen in das gemeine Teil oder besondere Schweissbad gehen, schwitzen, sich reiben, fegen, butzen vnd abwaschen lassen." Und dann fährt er fort:

„Sintemal kein Stadt, kein Markt, kein Dorf gering, welches nicht sein Bad habe." — (Die Grevel der Verwüstung 1610. S. 898 u. 947).

So besassen Augsburg im Jahre 1406 und noch früher, Frankfurt a. M. schon 1300, Klosterneuburg 1283, München 1380, Weissmayn (Oberfranken, Bayern) 1348, dann Bamberg, Nürnberg u. s. w. mehrere Badestuben.

Wien hatte von 1292 an schon 29 Badestuben, Würzburg besass im J. 1300 deren 7 u. s. w.

In verschiedenen Städten und Märkten wurde am Johannestage der Badetag von der Kanzel verkündet. So in Gerolzhofen 1543.

Namentlich aber in Würzburg, Regensburg, Bamberg, Nürnberg und Wien gab es viele Seelenschwitzbäder.

Aber auch die so wohlthuenden, mit väterlicher und wahrhaft zärtlicher Fürsorge errichteten und gestifteten Seelbäder, welche auch das Wohlthuende und Gesunde der Bäder umsonst theilhaftig werden liessen — auch sie gingen im Laufe der Jahrhunderte wieder verloren. Die Stiftungen wurden anders wozu verwendet, — die Badestuben blieben leer, — Bader gibt es wohl allüberall heute noch, sie sind aber herabgekommen und ausgeartet zu Barbieren, Haarschneidern und Aderlassern. Denn wenn auch der Bader heutzutage Alles hat und Alles weiss, was zu seinem Geschäfte gehört, ein Bad, das Hauptsächlichste doch der Baderei, ist ihm fremd und meist ein ungekannt, ja selbst verpöntes Ding.

Vor 5 und 6 Jahrhunderten jedoch war das Volk viel besser daran mit Bädern; denn damals gehörte das fleissige Baden zu den zum Leben nothwendigen Dingen, und ohne Bad wurde fasst nichts begonnen und nichts vollendet. Vor den Trauungen waren die Brautbäder üblich. Dies zeigen die Hochzeitbäder zu Regensburg (1320), München, Nürnberg. Augsburg, Erfurt, Berlin etc. — Vor dem Ritterschlag wurde gebadet. — Der Arbeiter badete am Feierabende, und es erhielt der Geselle oft auch eigenes Badegeld, den Badeheller. Er hörte am Samstage früher mit der Arbeit auf und dies hiess man Badeschicht. Der Gelehrte badete in der Morgenstunde ehe er seine Toilette machte.

Ueberhaupt wurde das Baden als ein hoher Lebensgenuss betrachtet und darum auch bei fast allen festlichen Gelegenheiten gebadet. Bei der Weinlese, in den Faschingstagen badete man. Auch dem von der Reise Heimkehrenden wurde ein Bad bereitet. Von der Achtung der Bäder als „Lebensgenuss" zeugt ein alter Vers (in Schertz mit der Warheyt. Frankfurt 1501) wo es heisst:

„Wiltu ein Tag fröhlich sein? Gehe ins Bad.
Wiltu ein Wochen fröhlich sein? Lass zur Ader.
Wiltu ein Monat fröhlich sein? Schlacht ein Schwein.
Wiltu ein Jahr fröhlich sein? Nimm ein jung Weib etc."

Die durch die Strassen ziehenden Badeprozessionen mit klingendem Becken unter Spiel und Tanz gaben Gelegenheit und Aufmunterung zum Gebrauche des so heilsamen Wassers.

Mit dem Nachlassen der Pest waren auch die Bäder fast vollständig wieder in Vergessenheit gekommen. Wie die Bäder überhaupt, die warmen insbesondere seit dem epidemischen Auftreten des Aussatzes im 13. Jahrhunderte rasch entstanden, so wurden sie auch ebensobald wieder vernachlässigt, als die verheerenden Seuchen nachgelassen hatten. Auch das Steigen der Holzpreise trug viel bei zur Schliessung der Badestuben.

So ruhte der **allgemeine** Gebrauch der Bäder vom 15—16. Jahrhunderte an, fast 2 Jahrhunderte hindurch.

In Paris wurde erst wieder durch Voitevin, der auf Empfehlung seines Vorhabens Seitens der Polizei und der medizinischen Fakultät von dem Könige die unterm 13. Aug. 1761 in dem Parlamente eingeschriebene Erlaubniss erhalten hatte, ein öffentliches Gesundheitsbad aufzurichten, solches angeordnet. In Wien hatte Dr. Ferro um dieselbe Zeit wieder die Erlaubniss erhalten ein öffentliches Badehaus anzulegen, um dadurch der zunehmenden Weichlichkeit der Deutschen, der Hypochondrie und Hysterie wie Hofrath Gruner sagt, — und allen anderen Nervenkrankheiten vorzubeugen.

Auch J. Burgholzer in seiner 1796 erschienenen Stadtgeschichte Münchens führt nur 2 Privatbadeanstalten an, das Hofbad, das 1790 von Kaltenbrunner vergrössert wurde, und das Gesundheits- oder Isarbad von Xaver Gumpert, Bader auf der Hundskugel im Jahre 1781 angelegt.

Alle anderen Bäder Münchens und auch Brunnthal, das zuerst 1804 zu einer Badeanstalt umgewandelt wurde, sind späteren Ursprungs.

Wir dürfen aber heutzutage dem vernünftigen Theile

der Mitwelt es Dank wissen, dass er jetzt wieder dahin gekommen ist, vollgültig zu verstehen, was es Gesundes sei um ein frisches Reinigungs- oder Heilbad und um das Plätschern einer klaren Quelle.

Von jener Urzeit an, wo die Nymphäen, d. i. kleinere oder grössere, den Nymphen (Wassergenien) geweihte, mit Parkanlagen versehene Gebäude mit ihren Quellen und Wasserleitungen als Badehäuser die Menschheit einladen zum Genusse dieses Gesundheitsmittels, zur Stärkung und zur Abhärtung des Leibes, wo die jungfräulichen Zuträgerinnen des kühlen heiligen Quells zu den Tempeln und Bädern, diese gefeierten Badedienerinnen als solche eine hohe priesterliche Würde bekleideten, — bis herauf wo im Mittelalter von der Wohlthat der weichlichen, durch die Baderzunft bereiteten Schwitzbäder (Stubae) die Dichterin Klara Hätzlerin in ihrem Liederbuche im Jahre 1470 singt:

Darzu tut man laden
Alle gut gesellen
Die zu der Fräd wollen.
Da sicht man lecken und streichen,
Kain Fräd mag ir gleichen.
Wann der Ofen recht erhitzt
Und wol waidenlich erschwitzt,
Und gäb der küng Jm zehen Mark
Sein krey wär dannocht nit so stark,
So er sich uff die panck streckt,
Und sich streichelt und leckt. —

sehen wir eine ununterbrochene Anerkennung, Hochschätzung und Cultivirung sowohl der kalten als warmen Bäder für Gesunde wie für Kranke.

Es ist jedoch durchaus nicht gleichgültig, welches Wasser wir zum Baden benützen, ebenso wenig es einerlei ist, welches Wasser wir trinken. Wie das Wasser, das wir geniessen, durch den Magen in den ganzen Körper gelangt, so wird auch das Wasser des Bades theilweise umgesetzt auf der Haut und eingesaugt, und vertheilt sich so durch unsere äussere Körperbedeckung auf das Innere der Gewebe.

Dass das Wasser in dem wir uns baden in das Innere des Körpers dringt und von den unzähligen Oeffnungen in der Haut (Poren) aufgesogen wird, war ebenfalls schon im Alterthume eine durchaus anerkannte Erfahrungsthatsache.

In diesem Sinne sagt desshalb auch schon der berühmte griechische Kirchenvater und grosse Philosoph des 3. christlichen Jahrhunderts, — Titus Flavius Clemens, — gewöhnlich Clemens der Alexandriner genannt († 202), in seinem „Pädagogen christlicher Moral" III. c. 8., da wo er de balneis (von den Bädern) abhandelt und bezüglich des Verhaltens der Christen zum Bade beachtenswerthe Regeln anführt, unter Anderm Folgendes:

„Gleich den Bäumen trinkt der Körper im Bade, nicht bloss das Fleisch trinkt, sondern auch die offenen Poren. Beweis dafür sind diejenigen, welche ihren Durst dadurch löschen, dass sie in's Wasser gehen. Auf diese Weise ist also das Wasser etwas positiv Nützliches u. s. w."

Dass durch schlechtes Trinkwasser wir den Magen verderben, durch unklares, trübes Badewasser wir die Hauptporen verstopfen und hierdurch zu Unwohlsein Veranlassung geben können, ist Jedem bekannt.

Darum sei jedes Wasser, das wir benützen, „frisch und rein — kühl und klar."

Ein gutes gesundes Wasser, ob zum innerlichen und äusserlichen Gebrauche,*) soll stets helle, ohne Geschmack

---

*) Einen äusserlichen Gebrauch von Heilmitteln gibt es aber eigent-

und ohne Geruch sein. Plinius schon bestimmte die nöthigen Eigenschaften eines gesunden Wassers mit den wenigen Worten: „Es muss gewissermassen einer gesunden Luft gleichen.

Der vielgewanderte Pythagoras erklärte das aus Fels und Kies fliessende Wasser als das beste. Aristoteles und Theocrit, Hippocrates und Galen legten grosses Gewicht auf die Beschaffenheit des Wassers.

Und wenn wir auch heutzutage die klare Fluth einer Quelle wegen ihrer Gesundheit bringenden Kraft nicht mehr heiligen, wie die Indier das Krystallwasser ihres Ganges, — ihr auch nicht göttliche Ehren erweisen und göttliche Namen beilegen, wie einst Hellas und Rom gethan, so müssen wir doch schätzen und ehren jedes lebende, gesund sprudelnde Wasser als eine wahre Göttergabe.

Unsere Ahnen haben, als sie bereits schon den christlichen Glauben angenommen hatten, der Verbote aller Concilien ungeachtet, noch lange Zeit hindurch die Brunnen besucht, die vormals in dem Rufe der Heiligkeit gestanden, und brachten dahin ihre Opfer.

Dort nämlich, wo ein so lauterer Quell, so ein Himmelsgeschenk üppich frei zu Tage strömt, dort muss auch eine Gottheit thronen, dort muss ihr Wohnsitz sein, ein von den Göttern bevorzugter Ort. So glaubten unsere Ahnen. Wo wir aber der Gottheit Wohnung am nächsten sind, da wird sie uns am schnellsten und am leichtesten erhören. — Desshalb bringe auch dahin dein Opfer! So dichtete und dachte Germaniens Volk zur Zeit der Mythe, in der Kindheit seines

---

lich gar nicht; denn auch das scheinbar äusserlich angewendete Mittel muss auf das Innere des Organismus wirken, sonst hat es eben gar keinen Effect. Darum wirken auch alle äusserlich angewendeten Mittel nach Innen und auf das Innere.

Lebens. So sollten, wenn auch mit geläuterten Ansichten, wir heute noch denken, was die Pflege unsres Wohlseins anbetrifft. Die heilende Gottheit kommt uns hier im Quell zur Hülfe, — sie spricht zu uns, wenn auch nur leise murmelnd doch mit ewig wahren Worten für Jeden deutlich und Allen verständlich.

Die Gottheit in der Natur, die in Luft und Duft, in Blüthe und Strauch sich uns stets in denkwürdiger Sprache kund gibt, sie mahnt uns beständig, was unser körperliches Gedeihen anbelangt:

„Nur an der Hand der Natur findest du Wohlsein und Heil."

Neben den duftenden Blüthen — den Gaben Flora's, gibt es sicher nichts edleres und schöneres in der Natur als die silbernen Wellen. Die Blume aber und das Wasser, wie sind sie so liebliche und natürliche Gesundheit bringende Mittel? Was aber unsern Körper gesund und kräftig macht, das stählt auch unseren Geist; denn beide sind enge gekettet im Diesseits aneinander und theilen treulich Leid und Freud, Wohl und Wehe. Ein siecher Körper lässt auch die Seele leiden, und eine kräftige Natur sie erfrischt auch das Herz und den Sinn, den Verstand und den Willen.

Darum wird es uns auch im Innern so wohl, wenn uns eine gedeihliche Luft ein behagliches Nass, ein munter hüpfender Quell äusserlich Labung verschaffen.

Ueberhaupt in einer freien Natur, wo
Anmuth sich mit Stärkung paart,
Da wird es uns so wohl, recht wohl vom Herzen.

Es ist ja Jedem eingeboren,
Dass sein Gefühl hinauf und vorwärts dringt,
Wenn über uns, im blauen Raum verloren
Ihr schmetternd Lied die Lerche singt;

> Wenn über schroffen Fichtenhöhen
> Der Adler ausgebreitet schwebt,
> Und über Flächen, über Seeen
> Der Kranich nach der Heimath strebt.

sagt Faust so richtig.

Doppelt angenehm ist immer da ein erfrischendes Heilbad, wo im zauberischen Dunkel eines Haines gelegen sich mit der gesunden Quelle die frische würzige Luft verbindet;

> Wo ambrosische Nacht uns umfängt; in duftender Kühlung,
> Nimmt ein prächtiges Dach schattender Buchen uns auf.
> Doch jetzt braust's aus dem nahen Gebüsch, tief neigen der Erlen
> Kronen sich und im Wind wogt das versilberte Gras.
> In des Waldes Geheimniss entfliehet auf einmal die Landschaft
> Und ein schlängelnder Pfad leitet uns steigend empor.
> Nur verstohlen durchdringt der Zweige laubiges Gitter
> Sparsames Licht und es blickt lachend das Blaue herein.
> Aber plötzlich zerreisst der Flor. Der geöffnete Wald gibt
> Ueberraschend des Tages blendendem Glanz uns zurück.
> Unabsehbar ergiesst sich vor den Blicken die Ferne
> Und ein blaues Gebirg endigt im Dufte die Welt.

Die Geschichte aller Zeiten und Völker hat uns bisher gezeigt, dass eine gesunde Quelle im Schatten der Bäume in der Nähe eines Stromes überall und heilig verehrt wurde.

„In der Aue am Quell",

hier opferten auch unsere deutschen Ahnen, weil dort der Gott thronte, der ihnen Gesundheit und Kraft, Muth und Sieg verlieh durch die stärkende Wirkung dieser wahren Himmelsspende.

Wollen auch wir es wagen uns zu laben und zu kräftigen am frischen **Brunnen** im **heimlichen Thale**.

Bogenhausen's und Brunnthal's Quellen
und der
Hachinger Bach.

Die vorherrschende Bodenschichte am rechten Isarufer dort wo sich auf und an den Höhen die einzelnen Ortschaften Haidhausen, Bogenhausen, Föhring u. s. w. erheben, ist ein thoniger, grünlich grauer, glimmerreicher Sand, der eigentliche Flinz, der nur sehr selten durch ein kalkhaltiges Bindemittel zu einem weichen Sandsteine verbunden ist.

Den Untergrund der ganzen mittleren Hochebene unserer Gegend bildend, erscheinen diese Flinzschichten hier an dem Steilufer der tief einschneidenden Isar wir namentlich zwischen Brunnthal und Haidhausen in Form jener thonreichen Sandlage, auf welcher, als einer dem Wasser undurchdringlichen Masse, die im aufgelagerten Diluvialgeröll zusammenrinnenden Gewässer als häufige und reichliche Quellen zu Tage treten.

Diese Bodenbeschaffenheit ist auch die Ursache warum gerade in und um Brunnthal eine so reichliche Menge frischen Quellwassers zu Tage rinnt. Die Hauptquelle, welche das Trinkwasser für das sog. Brunnthaler Brunnhaus und von letzterem aus das beste Wasser in die Stadt liefert ist der sog. grosse **Freyfluss** von Brunnthal am Gasteig. Dieses Wasser geht durch Röhrenleitungen unterhalb der Praterinsel über die Isar und mündet längs der Isarstrasse laufend zuletzt in die Hauptwasserleitung in der Hildegardstrasse ein. Diese Hauptleitung bringt das Wasser aus den frei zu Tage gehenden, am rechten Isarufer liegenden Quellen (Freifluss genannt) in das grosse **königliche Brunnhaus** in der Stadt nahe bei der Hofpfisterei neben dem sog. Bockkeller.

Ueberhaupt gehören die Brunnhäuser mit gutem — sog. Brunnthaler Trink- und Quellwasser der neueren Zeit an, indem die Stadt bis 1820 nur 4 alte verfallene Bauwerke zum Behufe der Wasserleitungen besass. Um die bedeutenden obengenannten, hauptsächlich als Brunnthaler Quelle bezeichnete Wassermengen von Gasteigberg (rechten Isarsteilufer) zu benützen, wurde 1835—37 das Brunnhaus auf der Kalkofeninsel an der Isarbrücke gebaut. — Diess berühmte Brunnhaus zu Brunnthal, wie es noch im vaterländischen Magazin von 1840 genannt wird (Zagler) stand früher in der Nähe der Praterbrücke und lieferte direct das berühmte Wasser in die Stadt. Der Kostenbetrag hiefür wurde damals zuerst durch Subscription beschafft. Der Plan war von Hofbauconducteur Ferd. Jodl; die Construction der Dampfmaschinen vom Hofbrunnenmeister und dessen Sohne. Um bei Reparaturen der früheren nur einzigen Dampfmaschine keine Unterbrechung in der Trinkwasserbeschaffung für die Stadt zu veranlassen wurde noch eine zweite Dampfmaschine aufgestellt. Von diesen ist immer eine im Gange, die zweite ist gleichsam Reservemaschine. Jede Maschine ist auf 20 Pferdekräfte berechnet, um die so reichhaltigen Quellen hiedurch in die Stadt zu leiten. Jede Maschine hat zwei Pumpen, jede Pumpe hält im innern Durchmesser 11 Zoll und hat $4^1/_2$ Zoll Hub, was bei einem Auf- und Niedergang des Kolbens zusammen circa 140 Mass Wasser und bei 17—18 Hüben, welche die Maschine bei gewöhnlichem Gange per Minute macht, demnach 2300—2500 Mass Wasser ergibt, die in das über den Quellen 80' hoch gelegenen Reservoir geschöpft werden. — Dieses sog. Brunnthaler Brunnhaus wurde vor dem Baue des Maximilianeums abgebrochen und als neues Hofbrunnenhaus, wie schon oben bemerkt, in die Nähe des Bockkellers verlegt. Dasselbe erhält jedoch sein Brunnthaler Wasser aus den Stollen zugeleitet, welche in der Nähe von Haidhausen, innerhalb der neuen Anlagen in den Gasteigberg eingetrieben sind, wo das Wasser unter grossem Geräusche einfällt, und hier gleichsam das Bassin bildet. Von diesen Stollen aus läuft das Quellwasser über die Isar durch die Hauptleitungen in das neue Hofbrunnenhaus, in welchem die bisher genannten Maschinen sich befinden. Hier erst wird das Wasser durch eiserne Röhren in's Reservoir gehoben, um von da aus fast durch die ganze Stadt an die einzelnen Orte geleitet und vertheilt zu werden.

Der Kostenaufwand bei diesem im Jahre 1835 am Gasteigberge, jetzt in die Stadt verlegten Brunnhause neben der königlichen Hofpfisterei, nebst Dampfkesseln und Ofenbau mochte sich auf 100,000 fl. belaufen.

Die Heizung der Maschinen forderte jährlich 1000 Klafter Fichtentriftholz.

Die Zeit, wann das ganz alte Brunnhaus auf dem nemlichen Platze am Gasteigberge, wo dieses Hauptbrunnenhaus 1835 erbaut worden war, errichtet wurde, ist nicht bestimmt. Ohne Zweifel war es unter Churfürst Maximilian I.

durch die Hand des berühmten Zimmermeisters Reifenstuhl entstanden.

So berichtet Zagler.

Wir wissen bereits, dass es namentlich die Beschaffenheit des Bodens am rechten Isarufer ist, wesshalb daselbst die reichsten und besten Trinkquellen zu Tage kommen.

All' diese kühlen sprudelnden reinen Wasserbäche sollen aber, so berichtet die Sage sowohl, wie auch die wissenschaftliche Untersuchung dieser Ansicht auch nicht widerstreitet, gleichsam filtrirte Ausflüsse des sog. Hachinger-Baches sein. Betrachten wir diesen für München's Quellwasser so hochwichtigen Wasserlieferanten etwas genauer.

Der Hachinger-Bach.

Schon seit den ältesten Zeiten fand sich schönes, gesundes Quellwasser bei und um Bogenhausen, um sowohl das später entstandene dortige Bad sowie das Bedürfniss der Einwohner von Bogenhausen nicht nur zu decken, sondern es war auch so viel übrig, dass noch eine bedeutende Quantität davon durch Umwege und unbenützt in die Isar lief.

Namentlich aber das ganze rechte Isarufer fördert von jeher einen mächtigen Reichthum von Quellen zu Tage. Es ist schon erwähnt, dass hiezu besonders das sog. Flinzlager beiträgt.

Der Neudeckergarten selbst — an der Stelle des alten Paulaner-Klostergebäudes zu Neudeck ob der Au, — die Bergleite von da bis zum Forstamtsgebäude am Lilienberge, die noch wasserreichere Berglehne hinter dem Neudeckergarten und dem Strafarbeitshause haben sehr reiche, nie versiegende Quellen. Gegenüber dem alten Irrenhause zu Giesing, bei

Hellbrunn und Harlaching befinden sich 8 bis 10 Quellen u. s. w. Auch könnte die ganze wasserreiche Seite des Harlachinger Berges gut 800 bis 1000 Steften*) Wasser liefern. Gehen wir nun zum Bache von Oberhaching selbst über.

Geiselgasteig ist über der Isar 140 Schritte erhaben.

Wenn man von dort aus durch den Grünwalder Forst geht und plötzlich am Ende desselben die flachen Felder dieser Hochgegend übersieht, so bemerkt man den Ort Oberhaching, sowie auch Deisenhofen nicht. Vom ersteren ragt nur der Sattel des Kirchthurmes wie aus der Erde hervor. Wenn man endlich näher gegangen ist, so erblickt man vor sich ein langes Thal, das sich weit aus der Ferne herüberzieht und sich schon am Gestade der Isar eröffnet. Die grösste Breite dieses Thales ist hier 3800 Schuh. An der Stelle aber, wo der sog. Hachinger Bach entspringt, sind die beiden Thalwände nur 236 Schuh von einander entfernt. Es lässt sich allerdings vermuthen, dass durch dieses Thal einst ein beträchtlicher Fluss müsse geströmt sein. Auch geht unter den dortigen Einwohnern die Sage, dass die Isar ehedem ihr Flussbett hier gehabt habe. Ueber dieses Thal bei Deisenhofen zog sich auch eine Römerstrasse nach Grünwald.

In der Gegend dieses Thales aber findet man auf der Anhöhe links und rechts mehrere Römerschanzen, die aus einem in Quadrat fortgesetzten Hügel bestehen. Schon das deutet also auf das frühere Dasein eines Flusses hin, weil die Römer ihre Lagerungen gerne an Flüssen anstellten.

---

*) 1 Steften ergibt (soll ergeben) in 1 Minute 2 bayerische Mass Wasser.

Dass solch' ein ehemals vorhandener Fluss nicht sehr beträchtlich gewesen sein müsse, mag der Umstand aufklären, dass die Römerschanze auch gegen die Seite des Flusses hin aufgeworfen war, was z. B. bei der Verschanzung zu Grünwald der Fall nicht ist. Der Ursprung des Baches zu Oberhaching findet sich oberhalb dieses Ortes 1000 Schuh von der dortigen Pfarrkirche entfernt. Die Quell-Oeffnung ist ungefähr 2 Quadratschuhe gross und zeigt ein klares Wasser auf weissem Kiese.

Etliche Schritte davon entfernt fängt der Boden an, graslos zu werden; dafür aber zeigt sich ein nasser Sand und endlich die Anhäufung einer Wasserquelle, die beim Eintritte in das Dorf Oberhaching schon die Grösse eines Bächleins annimmt. Es fliesst aber sehr träge und ist desshalb auch mit Schlamm gefüllt.

Es gibt aber Jahreszeiten, wo dieser unbeträchtliche und fast unscheinbare Wasserfaden sich über das ganze Thal ausdehnte und oft länger als ein Jahr die Gegend überschwemmte, so dass aus den angrenzenden Wiesen kein Heu gewonnen werden konnte.

Durch verschiedene Quellen gespeist nimmt aber schon nach kurzem Laufe dies Wasser bedeutend an Grösse zu.

Eine derselben tritt sehr reichhaltig an der Seite des Baches aus lockerem Kiese hervor und bietet ein sehr reines Wasser dar. Sie ist wohl die beste Quelle der Gegend. Ein anderer nicht minder beträchtlicher schöner Quell kommt etliche Schritte davon her.

Nach den Aussagen der Dorfbewohner schwellen die beiden Quellen oft so sehr an, dass Erstere im Inneren ihrer Wohnungen nicht selten eine beträchtliche Ueberschwemmung dulden müssen. Auch diese Quellen versiegen bei der grössten Trockene nie.

Der Bach nimmt aber durch noch mehrere zufliessende Quellen so rasch an Grösse zu, dass derselbe in dem 8000 Schuhe von Oberhaching entfernten Orte Potzham und Taufkirchen anfängt, nach einander 5 Mühlen zu treiben. Man nennt dieses Oberhachinger Quellwasser auch schlechtweg nur den Forellenbach, denn er nährt die besten Fische dieser Art. Von Unterhaching aus, das früher einen vorzüglichen Belustigungsort der Münchner bildete, welche bei jeder Festlichkeit dahin reisten, vorzüglich zur Zeit der Krippe, die aus beweglichen Figuren bestand und deren Mechanik vom Bache getrieben wurde, fängt die Wassermasse schon an, geringer zu werden und fliesst in trägem Laufe über Unterbiberg nach Perlach, wo der Bach anfängt, sich nach und nach derart zu vermindern, dass er 6200 Schuh von der Pfarrkirche Perlach entfernt, sich wieder gänzlich im Boden verliert. Die Länge des ganzen Baches beträgt mit all' seinen Krümmungen 41,500 Fuss.

Von München (Brunnthal) nach Perlach sind 2, nach Unterhaching 2½ und nach Oberhaching 4½ Stunden.

So viel über den Hachinger Bach, von dem die — sonach nicht ganz unbegründete Sage geht, dass die Quellen dieses versiegten Wassers in Brunnthal sowohl wie am Lilienberg und Neudeck wieder zum Vorschein kommen.

Was die Beschaffenheit dieses alt- und allgerühmten Brunnthaler Quellwassers betrifft, so leistet dasselbe hinsichtlich seiner Reinheit und Frische allen Anforderungen die vollkommenste Genüge. Dies geben schon die starken und vielen „Perlen" kund, welche sehr reichhaltig im Glase frischen Wassers, an der Quelle geschöpft, in die Höhe steigen. Dies „Perlen" des Wassers beruht ja bekanntlich auf dem Gehalte an freier Kohlensäure, die in kleinen Blasen zu entweichen sucht. In einer halben Mass frischen Wassers befinden sich aber $2^1/_2$ Cubikzoll solcher freien Säure, wie die angestellten Versuche und Proben bewährt haben. Die „Frische" eines guten Trinkwassers hängt aber immer von dessen Kohlensäuregehalte ab. Man kann dies Wasser auch Jahrelang in Flaschen aufbewahren, ohne dass es einer Veränderung unterliegt. Ebenso hat es eine das ganze Jahr hindurch sich gleich bleibende kühle Temperatur von 7^0 Reaumur.

Was den Wasserreichthum betrifft, so ergab die Quelle bis noch vor wenigen Jahren in jeder Minute eine Menge von 50 Eimern.[*]

Das Brunnthaler Wasser hat insbesondere wie auch die übrigen Quellen, die am rechten Isarufer entspringen, einen grossen Vorzug vor denjenigen Quellen, die links des Isarflusses aus dem Boden kommen.

Eine bayerische Mass des Brunnthaler Quellwassers abgedampft gibt nach Buchner nur wenig, 5—6 Gran festen Rückstand, während dagegen die anderen Trinkwasser der Stadt schon 10 Gran und noch mehr fixe Bestandtheile per Mass ergeben.

Während der Rückstand des Brunnthaler Wassers (wir müssen hier bemerken, dass jedes Quellwasser mehr oder minder feste Rückstände besitzt) kreideweiss aussieht und selbst lange der Luft ausgesetzt trocken bleibt, stellt sich der Rückstand des Wassers links der Isar gelblich bis bräunlich dar, und zieht sehr bald Flüssigkeit aus der Luft

---

[*] Durch Errichtung eines neuen Pumpwerkes seit $1^1/_2$ Jahren zum Behufe der Wasserleitung in das neue Versorgungshaus zu Neuberghausen sollen die Quellen sich verringert haben an ihrem Wasserquantum.

an, was einen Gehalt an salpeter- und salzsauren Salzen anzeigt.

Das Brunnthaler Wasser zeigt keine organischen Stoffe, während die Trinkwasser der Stadt, links der Isar, bei der dichten Bevölkerung, wodurch der Boden mehr mit organischen verwesenden Stoffen imprägnirt wird, die salpetersauren Verbindungen und humusartigen Stoffe deutlicher hervortreten lassen.

Das Brunnthaler Wasser verdient desshalb mit Recht als das einzig beste in und um München seinen altherkömmlich anerkannten Ruf.

Schon der vielgewanderte Pythagoras erklärte das aus Fels oder Kies fliessende Wasser als das beste.

Unser Brunnthaler Quell ist vollends geschmack- und geruchlos, welche Eigenschaften auch schon die grössten Aerzte des Alterthums, wie Galen, Dioscorides u. A. von einem gesunden Trinkwasser forderten.

Nicht leicht wird es aber eine andere Grossstadt Deutschlands geben, die dicht an ihrem Burgfrieden solch frische, reine und labende Quellen mit so bedeutender Ergiebigkeit besitzt wie unser München in seinem Brunnthale. Ueberall daselbst sprudelt oder rieselt das klare lebendige Nass und dient in seinem Abflusse noch zum besten Aufenthalte der trefflichen, golden roth und blau gefleckten Fluss-Forelle, welche aber bekanntlich nur frisches und gleichsam jungfräuliches, — durch keine schlechten Stoffe verunreinigtes — Quellwasser, nur klare und kalte Gebirgsbäche zu ihren Wohnorten gebrauchen können.

Brunnthals Geschichte
vom Jahre 1683 bis heute.

Brunnthal als solches wird in den früheren Urkunden des 17. und 18. Jahrhunderts nicht genannt. Es bildete damals einen noch nicht getrennten Bestandtheil von Pugenhausen oder Boggenhausen und wurde auch unter diesem Namen erwähnt.

Alte Mauerräume zeigen wohl, dass schon längst an diesem Orte, wo das spätere und heutige Brunnthal steht, Gebäude müssen bestanden haben.

Ein Landgut in Brunetal, Bruntale, Brunnthale kommt wohl in den älteren Urkunden vor, jedoch ist Genaueres hierüber nicht angegeben.

Dass auf der Strasse, die nach Ismaning und Freising führt, das Pfarrdorf Bogenhausen mit ein paar schönen Landgütern oder Privatschlössern gelegen, ist ebenfalls alturkundlich.

Bogenhausen als Dorf ist schon sehr alt, und ward schon 776 bestehend erwähnt. Gleicherweise ist dies mit der Pfarrei dortselbst der Fall, welche früher einen sehr ausgedehnten Sprengel hatte; denn Harthausen (die jetzige Menterschweige) Harlaching, sowie Haidhausen, Giesing, die Au, gehörten noch zur Pfarrei Bogenhausen.

Im Jahre 1626 erst wurde die Au von der Pfarrei Bogenhausen getrennt und zur eigenen Pfarre erhoben.

Nach Trautmann soll von Brunnthal schon um die

Mitte des XII. Jahrhunderts, also zur Zeit der Gründung der Stadt München die Rede sein.

Was damals unser heutiges Brunnthal für eine Rolle spielte, wissen wir nicht.

Nach der Ansicht des jetzigen Pfarrers in Bogenhausen möchte wohl in Mitte des XVII. Jahrhunderts das jetzige Brunnthal ein „Pesthaus" gewesen sein. Die Pfarrurkunden sagen unter Anderen hierüber folgendes:

„Pogenhausen 29. Juny 1682; es beschloss der Generalvikar Joh. Kaspar zu Freising an den Pfarrer von Pogenhausen wegen Providirung der alten Weiber, so von München alldahin in das Pesthaus übergebracht wurden." —

„Er soll denen, die es verlangen, die heil. Sakramente reichen und sich um die Reden der Pfarrkinder weiter nichts kümmern, weil er dies Orts Pfarrer sei, gebühre ihm solches allweg zu thun."

Dieses Pesthaus in Bogenhausen (Brunnthal) ist vielleicht dasselbe, dessen später in Schwabing erwähnt wird.

1634 und 1680 herrschte wirklich, nach alter Annahme in Folge von Nothjahren die Pest in München.

Deutinger erwähnt auch in seinem Bisthume Freising ein „Woll- und Spinnhaus" zu Bogenhausen, das ebenfalls möglicherweise mit dem späteren Brunnthal einerlei sein möchte.

Den ersten und sichersten historischen Anhaltspunkt für Brunnthal gibt aber Burgholzer dahin:

Im Jahre 1683 wurde in Bogenhausen an der Stelle, wo das heutige Brunnthal sich befindet, vom Churfürsten Max Emanuel ein churfürstliches Militär-Waisenhaus errichtet. Allein nach einiger Zeit wurden die Waisen von da weg in die Au und alsdann in das ehemalige Militärwaisenhaus auf den Anger verlegt.

Nach anderen Angaben soll der Kurfürst Max Emanuel im Jahre 1682 sein Besitzthum (von 1679—1726 regierend) Brunnthal bei Bogenhausen durch Neubauten erweitert haben wegen des zu seiner Lust dienenden grossen, daselbst befindlichen Forellenweihers.

Erst dessen Sohn, der Kurfürst Carl Albrecht, kaiserlicher Vicar, der nicht so viel Vergnügen an diesem Landgute und Forellenweiher fand, soll diese seine Wohnungen später einigen Waisen überlassen haben, deren Väter als Offiziere im Felde geblieben waren, bis diese in's allgemeine Waisenhaus ob der Au versetzt wurden.

Carl Albrecht verkaufte denn auch laut eigenhändig unterschriebenem und vorliegendem Briefe d. dato 21. Juli 1731 die Wohnbehausung, den eigenthümlichen Garten und das Forellenbehältniss an seinen Hofkammerrath Joh. Bapt. von Ruffin um 6000 fl.

Auch in dieser Kauf- resp. Verkaufs-Urkunde wird Brunnthal nicht als solches, sondern nur als ein aus „Garten, Wohnbehausung, Damm und Forellenbehältniss" bestehendes Gut zu Pogenhausen erwähnt.

H. v. Ruffin verkaufte das ganze Anwesen an Franz Anton Edlen von Schmädel auf Burchersriedt des Innern Rath. (Auch Schmädel [Schmadel] auf Burgersried.) Edler von Schmädel verkaufte sein Anwesen den 30. Januar 1771 an Franz Schmauss, Tafernwirth zu Bogenhausen um 4500 fl.

Urkundlich heisst es u. A. wörtlich:

— — „Ich verkaufe den Garten zu Bogenhausen, Brunnberg genannt, mit der darinnen vorgericht schönen und grossen Forellenbehältniss; dann eben darin vorgericht auch schönen und grossen Wohnbehausung, sammt der dabei gnädigst bewilligten Erweiterung und zwar oben und unterhalb bemelten Gartens und auf der Seiten gegen der Isar hinaus u. s. w. an Herrn Franz Schmauss."

Franz Schmauss verkaufte dies sein Besitzthum schon 1772 am 18. September abermals an Anton Seidl, bürgerlichen Kornkäufler, um 4800 fl.

In der Urkunde heisst es: den Garten zu Pogenhausen, Prunberg genannt mit all' dem was der vorige Käufer besessen.

Anton Seidel verkaufte den Prunberg an Josef von Wenger, kurfürstl. Hof- und Forstkammerrath und Jagdbeamten den 27. Mai 1796.

Josef von Wenger verkaufte an Baron von Kastell den 19. Juny 1799.

Von Baron von Kastell erkaufte der Wasserbaudirector Oberst Riedl dies Anwesen für den Staat zur vorhabenden Erweiterung des Isarflussbettes, um durch solch' eine Erweiterung die Ueberschwemmungen zu verhüten.

Da diese Flussbetterweiterung unterblieb, man vielmehr an die Stelle der Erweiterung den Plan der Einschmälerung des Isarbettes setzte, so erkaufte Joh. Bapt. Dümenyl, ein französischer Emigrant, am 4. May 1804 laut Kaufbriefes vom 2. August 1805, — das Schlossgebäude sammt Garten und Wiesen, jedoch mit Einziehung der früher darauf ruhenden Gerichtsbarkeit um 8863 fl.

Hier hat zum erstenmale Dümenyl 1804 schon eine Badeanstalt errichtet.

Zwischen dem Besitzer Dümenyl und dem Fiskus entspann sich wegen der Verheerungen, die das Hochwasser, welches am 15. August 1807 plötzlich hereinbrach und Garten und Anlagen verwüstete, angerichtet, ein langjähriger Streit, „Schadenersatz" betreffend.

Das Anwesen war damals bereits auf 15000 fl. geschätzt.

Laut der Schadenersatzrechnung, die Dümenyl an den Staat stellte, bestand in Brunnthal im Jahre 1807 noch ein Weiher.

Wie überhaupt damals das ganze Bad in einem guten Zustande sich befunden haben musste, geht am deutlichsten aus dem genau specificirten Schaden hervor, den Dümenyl durch Zeugen erhärtete und dem Fiskus gegenüber festsetzte. So liest man dort unter Andern:

„Das Wasser hat mehr als 20 Wiesenrinnen, die für den Gebrauch der Maschinen am Berge dienten, mit fortgenommen."

Damals hatte der Garten auch viele Mistbeete, sehr zahlreiche Erdbeerpflanzungen, (wovon mehr als 6000 durch das Wasser verdorben wurden) einige Spargelbeeten überhaupt sehr reiche Anlagen. Es wurden mehr als 100 oculirte Bäume fortgeschwemmt; an Kartoffeln, Zwiebeln, gelben, weissen, rothen Rüben, Wirsing, Kraut, Selleri, Bohnen gingen allein um 100 fl. zu Verluste.

Dazu kommt noch nach Dümenyls Angabe: Alle Forellen im oberen Kanale am Berge und im ganzen Garten, die dem Besitzer einen beträchtlichen Nahrungszweig ausmachten, gingen verloren. (Gewerthet zu 200 fl.) u. s. w.

Der ganze Schaden entzifferte sich durch die noch nachgefolgte Unbrauchbarkeit der Bäume, Wiesen, der Bäder, Wohnungen u. dgl. auf die Summe von 5450 fl.

Ein Beweis, dass damals schon das Bad Brunnthal von Bade- und Kurgästen aus den besten und höchsten Ständen besucht war, gibt sowohl die Liste der Zeugen, durch welche Dümenyl seinen Schaden beweist als unter Anderen auch die Angabe, dass die Fräulein Gräfin von Montgelas, die mit ihrer Gouvernante in Brunnthal wohnte, dann deren Herrn Vater, der Staats- und Conferenz-Minister, der gleichfalls bei Dümenyl

Bäder gebrauchte, 14 Tage lang nicht beherbergt werden und 6 Wochen lang nicht baden konnten, weil die Badezimmer verdorben waren. Desshalb wurden die Bäder damals aus Nothbehelf im Pfarrhause gerichtet. Dümenyl starb im Jahre 1811.

Im Jahre 1820 am 20. April kam mit dessen Wittwe ein Vergleich von Seite des Fiskus wegen dieses Schadenersatzprocesses zu Stande.

Von der Wittwe Dümenyl ging im Februar des Jahres 1823 das gesammte Anwesen an Georg Mayer über, der die Badeanstalt mit neuen Vorrichtungen verbesserte und erweiterte.

Im Jahre 1828 wurde die Anstalt vergrössert und hier zuerst ein neuer vortheilhafter Wasserwärmungsapparat eingeführt.

Vom August 1825-31 waren schon die Zimmer mit Oelgas erleuchtet, die erste Beleuchtung dieser Art in Bayern.

An das alte Haupt- oder sog. Schlossgebäude, das in der Mitte einen altmodischen mit Holz gedeckten Thurm trägt, wurde eine Terasse mit Gewölben angebaut, über welche man in den Neubau gelangt, der im Jahre 1839 aufgeführt worden ist.

Er ist 118 Fuss lang und 31 Fuss breit, ist mit Eisen gedeckt und enthält ausser Badevorrichtungen etc. noch circa 25 Wohnzimmer nebst den verschiedensten Bequemlichkeiten. Das Bassin zum Vollbade in diesem Neubaue hat immer eine Wassertiefe von 4—5 Fuss, reines pures Quellwasser. Daneben warme und kalte Douchen, Dampfbäder u. s. w.

Das Wasser fliesst von einer Seite aus einer Tuffsteingrotte sich ergiessend beständig zu und auf der anderen wieder ab, so dass es stets frisch und rein ist, zumal täglich das ganze Bassin abgelassen werden kann, um eine vollständige Reinigung desselben vorzunehmen.

Ferner befindet sich südwestlich vom Hauptgebäude ein im Jahre 1841 errichtetes neues Badehaus das 71' lang und 31' breit und mit Schiefer gedeckt ist. Auch dieses enthält Wohn- und Badezimmer nebst allen anderen Bad-Vorrichtungen. In dessen Nähe steht das Brunnhaus oder Brunnthurm mit gusseisernem Wasserrade und Metalldruckwerk. In diesem Thurme befinden sich noch Regen- und Douchbäder und die verschiedenen Reserven für Bäder und andere Wasserwerke.

Einige Schritte davon befindet sich noch ein sogenanntes Kaltbadhaus mit verschiedenen Kaltbädern u. s. w.

Wir werden später sehen, dass und wie aus diesem alten Brunnthale der jetzige Besitzer Dr. Steinbacher, eine der Zeit und den Forderungen der medizinischen Wissenschaft entsprechende neue glänzende Kuranstalt herzustellen bereits begonnen hat und in zweckmässigen Verbesserungen und Erweiterungen fortfährt.

Weiter unten nach der Isarbrücke zu, isolirt von den genannten Gebäuden, gleich beim Eingange, wenn man von der Brücke kommt, steht abermals ein Wohnhaus, 75' lang, 35' breit, mit Ziegeln gedeckt. Es trägt die Inschrift „Brunnthal". Es ist im Jahre 1824 gebaut worden und enthält gegenwärtig die Wohnung des Hausarztes der Kuranstalt, Bade- und Kurgastzimmer, ein Vollbad u. s. w. Daneben befindet sich noch ein Anbau von 130' Länge mit Altane, Kegelbahn etc. zu verschiedenen Zwecken der Besucher und Bewohner.

Sämmtliche Häuser sind mit Blitzableitern versehen. Die um das Bad Brunnthal umherliegenden Gründe bestehen in Hofraum, Wirths- und Kurgarten, Anger, Forellenbach, im Ganzen ein Terrain von 6 Tagwerk ausmachend.

Wir haben oben erwähnt, dass in den Händen des Besitzers G. Mayer Vieles zur Verbesserung und Verschönerung des Ganzen als Badeanstalt geschehen ist. Es hatte dies auch seinen natürlichen Grund, warum man es unternahm, diesen reizend gelegenen und mit den besten Quellen so reich gesegneten Ort immer mehr in die Höhe zu bringen.

Schon viele Jahre nemlich zuvor, ehe man daran gedacht hatte, Brunnthal zu einer Kuranstalt zu erheben, standen die Quellen dortselbst beim Volke in dem guten Rufe einer heilsamen, Körper stärkenden und erfrischenden Wirkung. Gleichsam aus angeborner Neigung, die den Menschen fast unbewusst zu dem hinzieht, was seine Natur so sehnlichst wünscht und verlangt, drängte es auch Münchens Einwohner nach den klaren Quellen Brunnthals. Wie der Hirsch nach der kühlenden Quelle lechzt, so im Hochsommer besonders sehnt sich ja gewiss Jeder nach einem frischen Trunk. Dies war die erste Veranlassung, den guten Ruf im Bewusstsein des Volkes zu gründen, einen Ruf, der um so unverwischbarer ist, da nicht allein das spätere Dogma der Wissenschaft durch die chemische Analyse das Wasser zu Brunnthal als das reinste und beste hinstellte, sondern die noch mächtiger wirkende Tradition, die erfahrungsgemässe Ueberzeugung im Volksmunde von Urahnen auf Urenkel die Sage von der Heilsamkeit und Güte dieser Quellen vererbte.

So sah man schon in den frühesten Zeiten in den Sommermonaten stets ganze Prozessionen von Spaziergängern in den englischen Garten hinunterwallen, die sich labten an Brunnthals edlem Wasser. Viele schrieben fest und bestimmt die Wiedererlangung ihrer bereits geschwächten, viele Andere die Erhaltung ihrer Gesundheit einzig nur der belebenden Kraft dieser Quellen zu. So kamen sie mit Flaschen und

Krügen und schöpften aus dieser Quelle, um am Abende zu Hause noch innerhalb der Mauern der Stadt den frischen Labetrank zu geniessen.

Als Erfrischungs- und Reinigungsbad wurde Brunnthal besonders von Frauen hochgepriesen, ja viele Aerzte verordneten den Reconvalescenten warme Bäder in dieser Kuranstalt. Unter den früheren Aerzten war es besonders der kgl. Medicinalrath und kgl. Leibarzt Dr. Breslau, der die Brunnthaler Quellen sowohl wie die Bäder daselbst aufs vielseitigste rühmend empfahl. Ihn selbst sah man Jahre lang noch im höchsten Greisenalter sich an der Quelle laben.

Als im Anfange der 30er Jahre der Ruf des grossen **Priessnitz**, des Erfinders und Wiedererbauers der Hydrotherapie als Heilsystem, dem freilich das Volk auch erst nur die Prädicate „**Wasserdoktor**" und „**Wunderdoktor**" beilegte, durch Deutschlands Gauen drang, als dessen erstaunlichen Kuren auf dem Graefenberge bekannt wurden, wo hunderte und Tausende durch die Anwendung des Wassers allein ihre schon aufgegebene Gesundheit wieder erlangten und vor der grössten Verzweiflung sich retteten, da steigerte sich auch die Anzahl der Personen und Besucher der Brunnenthaler Quellen von Tag zu Tag in auffallendster Weise.

Täglich hörte man ja von **Priessnitz** und seinen wahren Wunderkuren an Solchen, die für vollkommen unheilbar erklärt nur dem klaren Wasser der Quellen ihr volles Wohlsein wieder verdankten.

So fand sich auch — nachdem zuvor hauptsächlich nur die Bürgerschaft und das Volk dem Wasser anhingen — allmählig auch die vornehme Welt ein und fand es nicht unter ihrer Würde, dem einfachen gemeinen Wasser (wie mancher es fälschlich nannte) zu huldigen. Und wirklich zeigte sich, dass Brunnthals Quellen manchmal mehr leisteten als die umständlichsten und kostspieligsten Badeprozeduren in den weitentferntesten und renommirtesten Bädern des In- und Auslandes.

Man konnte nun täglich in Brunnthal kleinere Fuhrwerke und herrschaftliche Diener in Livré beobachten, welche Letztere Flaschen und Krüge füllten und indem sie solche wohl verpfropften und versiegelten, mit ihrer Last davon fuhren gegen die Stadt zu.

Unter die einflussreichsten Verehrer der Brunnenthaler-Quellen zählte der damalige Oberstceremonienmeister Graf v. Rechberg-Rothenlöwen. Derselbe hatte auf dem Gräfenberge bei Vater Priessnitz die methodische Wasserkur durchgemacht. In dem damals in Gräfenberg als Badmeister fungirenden Jos. Bleile (der gegenwärtig in Thalkirchen bei München eine eigene Wasserheilanstalt besitzt) erkannte Graf Rechberg schon sehr bald einen ebenso gewandten als erfahrenen und thätigen Mann und Anhänger der Hydrotherapie. Darum bestimmte Rechberg letzteren, auch nach München überzusiedeln und unter der Verantwortung des Oberceremonienmeisters stellte der damalige Besitzer des Bades Brunnthal, Georg Mayer, den Joseph Bleile als Leiter der Wasserheilmethode nach streng Priessnitz'schem Systeme unter dem Titel eines Badmeisters auf.

Dem Grafen Rechberg folgten nun bald eine grosse Anzahl von Wasserfreunden aus den höheren und höchsten Ständen, sowie endlich auch aus dem gebildeten Mittelstande. Zu jener Zeit nemlich war die Priessnitz'sche Wasserkur noch in ihrer Kindheit und sowohl auf dem Gräfenberge wie in Brunnthal, das gleichsam eine Tochteranstalt der ersteren bildete, ging man noch sowohl bezüglich des Bädergebrauches, sowie des Wassertrinkens von dem Grundsatze aus: „Viel hilft viel, mehr noch mehr", und wer am meisten Wasser verschlang, hielt sich auch für den grössten Helden in der Hydrotherapie. Man musste damals viel schwitzen und viel baden, viel trinken und viel laufen, schwitzen und wieder trinken. —

Diese damals noch empirische, etwas derbe Heilmethode wurde bisher freilich um Vieles verbessert, namentlich als Dr. Steinbacher, ein Schüler Schroth's und Priessnitz's, sowohl die trockene Diätkur des Ersteren, — früher Semmelkur, — mit der Wasserheilmethode des Letzteren auf die fruchtbringendste Weise zu einem neuen Systeme des Naturheilverfahrens vereinigte.

Trotz der Extravaganzen des noch jungen Wasserheilverfahrens brachte Brunnthal viele, oft sehr überraschende Kurresultate.

Nachdem Bleile sich in Thalkirchen selbst etablirt hatte, wechselten im Verlaufe einiger Jahre viele Aerzte als Dirigenten, wodurch an den Heilsystemen natürlich hie und da modifizirt wurde.

Erst als Dr. Gleich als wirklich rationeller Wasserarzt auftrat und mehrere Jahre hindurch mit grosser Thätigkeit in Brunnthal wirkte, kam wieder mehr Wahrheit in die hydrotherapeutische Praxis.

Ausser der ärztlichen Direction unter Dr. Gleich wechselten rasch auf einander als ein gewandter Hydrotherapeut ein Hr. Rudolph aus der Schweiz, dann Gerichtsarzt Dr Becker in Haidhausen als verantwortlicher Oberarzt für Herrn Rudolph und später für Herrn Wolbold. Dann folgte als Dirigent der nunmehrige Stabsarzt Dr. Curtius, sowie auch der Vorstand des Kinderspitals in München Dr. Hauner während vor letzterem kurze Zeit noch einmal Dr. Gleich die Direction in Händen genommen hatte.

Als durch den Rücktritt Dr. Gleich's die Kuranstalt Brunnthal verwaist war, bestimmte der damalige Besitzer J. Fischer den Dr. Steinbacher, welcher sich schon im Jahre 1849 gleichzeitig mit dem Naturarzte J. B. Vanoni in Lindewiese bei Schroth und auf dem Gräfenberge bei Priessnitz längere Zeit zum Besuche von Studien aufgehalten und an sich die Methodik der Kuren durchgeführt hatte, zur Annahme der Direction der Anstalt. Dr. Steinbacher hatte in Verbindung mit Dr. Masarellos nun die ärztliche Leitung des Bades und Vanoni fungirte als Inspector der Anstalt, woselbst Letzterer auch seine Wohnung hatte.

Während aus den Händen des Dr. Hauner die Kuranstalt von Dr. Steinbacher mit nur 3 Gästen übernommen worden war und die eigentliche Kursaison schon fast ihrem Ende sich neigte, so steigerte sich doch die Frequenz so rasch, dass vom 1. Juli bis 31. October, also in 4 Monaten, bereits 59 Gäste eine Kur durchführten, von denen 30 geheilt, 20 gebessert wurden.

In den darauffolgenden Jahren steigerte sich der Besuch der Anstalt der Art, dass alle Gäste dort, obwohl gegen 60 in der Anstalt selbst untergebracht waren, dennoch nicht mehr Aufnahme finden konnten und sich viele in Privatwohnungen zu Bogenhausen einmiethen mussten.

So stand, nachdem v. J. 1852 an Dr. Steinbacher die Direction übernommen hatte und ihm Vanoni als Inspector zur Seite stand, Brunnthal in schönster Blüthe. Es feierte seine Glanzperiode und der Ruf hatte sich weithin verbreitet.

Dr. Steinbacher sah sich jedoch aus Privatrücksichten veranlasst, die Direction 1854 niederzulegen.

Brunnthal wurde nun wieder von verschiedenen anderen Vorständen geleitet, bis endlich der Eigenthümer sein Anwesen dem früheren Badediener Vogl unter manchen schweren Verlusten abtrat. Vogl bestimmte abermals den Dr. Steinbacher, die Oberleitung zu übernehmen, und trotzdem Steinbacher inzwischen seine eigene Heilanstalt in der Stadt, Ottostrasse Nr. 3, mit den grössten Erfolgen begründet und dirigirt hatte, so steigerte sich dennoch sofort im Jahre 1861 die Anzahl der Kurgäste von Tag zu Tag, so dass abermals 43 Leidende in Behandlung waren.

Nach einem Jahre ging aber schon wieder aus den Händen Vogl's die Anstalt in andern Besitz über. Es sollte dann unter Direction des nun verstorbenen Dr. Ott eine Heilanstalt nach panjatrischem — Allheilsysteme — daraus geschaffen werden. Nachdem diese Speculation vollständig missglückt war, erwarb Ende des vorigen Jahres das manchen Wechselfällen ausgesetzte Brunnthal Dr. Steinbacher als sein Eigenthum, um daselbst seine viel bekannte und anerkannte Naturheilmethode in Ausübung zu bringen.

Seit der kurzen Zeit des Besitzes hat Dr. Steinbacher Alles, was nur möglich ist, geleistet, um die Anstalt auf's bequemste, eleganteste und allen Heilzwecken entsprechendste einzurichten. Vieles war zu verbessern, manches, so die Errichtung eines grossen türkischen Badesalons, bleibt den nächsten Jahren vorbehalten.

Bisher wurden in den wenigen Monaten, seitdem Dr. Steinbacher alleiniger Besitzer ist, Gärten angelegt, ein grosser Theil der Wiese zu einem Park umgestaltet, springende Wässer verbreiten überall ihre sprudelnden Fäden — Bassins wurden ausgehoben, da und dort Bosquets und Ruheplätze angeordnet, kurz es wurden im Innern wie am Aeusseren der Anstalt Alles geleistet, was in den wenigen Monaten zu leisten nur möglich gewesen.

Wir lassen nun hier, um dem Leser den Standpunkt des Dr. Steinbacher'schen Naturheilverfahrens, sowie die Prinzipien desselben kund zu geben, den von Dr. Steinbacher veröffentlichten Prospectus folgen.

Dr. Steinbacher's Naturheilanstalt „Brunnthal".
I.
Physiologische Grundlagen.

Unser Körper ist einem fortwährenden Stoffwechsel unterworfen. Jede Veränderung und Abweichung des normalen Vorgangs des Stoffwechsels im menschlichen Körper verursacht eine Störung der Blutbildung und des Blutlaufes und dadurch Krankheit und Siechthum.

Das richtige Vorsichgehen des Stoffwechsels kann nur mit Hülfe gesunder Nahrung, richtiger Blutbildung und Circulation, normaler Durchdringlichkeit der Haargefässwände, zweckdienlicher Ernährungsflüssigkeit und regelmässiger Neubildung der Gewebsbestandtheile erreicht werden.

Auf diesen hier nur flüchtig angedeuteten Grundsätzen beruht unsere Heilmethode. **Sie setzt sich zum Hauptzwecke die Wiedererneuerung oder Regeneration des Organismus;** sie trachtet nach einer wahren organischen Wiedergeburt aus der Ernährungsflüssigkeit des Körpers während und nach der Ausstossung schädlicher und unbrauchbarer Bestandtheile, dieselben mögen von aussen in den Organismus eingedrungen oder eingeführt, wie Contagien, Miasmen, Arzneistoffe, Gifte u. dgl., oder in ihm selbst erzeugt und zurückgehalten worden sein. Sowie in gesunden Tagen durch die eigene Lebenskraft der organischen Bestandtheile unseres Körpers ein ununterbrochener Wechsel der denselben zusammensetzenden organischen Bestandtheile stattfindet und von der Selbsterhaltungskraft die unbrauchbaren und schädlichen Stoffe ununterbrochen ausgeschieden und durch neue ersetzt werden, so geschieht dieses bei unserem Heilverfahren auf höchst einfache und natürliche Weise durch die Beförderung dieses Selbsterhaltungsbestrebens; durch energische Antreibung des Stoffwechsels. Wir bedienen uns hierzu lediglich nur jener äusseren Einflüsse, durch welche der Fortbestand dieser Lebensverrichtung allein bedungen wird. Hierzu zählen wir die Regelung des Genusses der Nahrungsmittel, den Genuss einer gesunden Luft und des natürlichen Lichts, des Wassers in allen Temperaturgraden (feuchte Wärme) und die Steigerung und Minderung der Wärmeerzeugung u. dgl. m.

Es muss hier bemerkt werden, dass die von uns in Gebrauch gezogene Diät oder diätetische Behandlung nicht eben nur in einer blossen Verminderung des Quantums der Nahrungsmittel oder in dem alleinigen Genusse von altgebackenen Semmeln (wie bei der Schroth'schen Kur), oder in einem sehr reichlichen äusserlichen oder innerlichen Gebrauche des kalten Wassers, wie bei der Behandlung nach Pricssnitz'scher Methode, auch nicht allein in anstrengenden, mehr oder weniger schulgerechten Bewegungen (Gymnastik), noch weniger in dem einseitigen Gebrauche der Electricität und des Galvanismus und dergleichen besteht, sondern dass von allen diesen Mitteln endlos mannichfaltiger Gebrauch gemacht wird, indem wir uns in der Wahl der Modifikationen und Verbindungen dieser natürlichen Heilmittel jeden Augenblick nach den eben bestehenden Umständen, nach Jndividualität und Krankheitsfall richten. Aus diesem Grunde weicht auch die Behandlung in jeder Periode des Fortschritts der Heilung von der andern wesentlich ab, so dass wir hierin keine Norm kennen, als diejenige, welche uns Zeit und Umstände bieten, um den einmal mit aller Energie angetriebenen Stoffwechsel durch alle möglichen natürlichen Beförderungsmittel im Gang zu erhalten, wodurch der oft so staunenswerth rasche Umsatz der organischen Materie, sowohl Ab- als Ausscheidung der gelockerten Gewebsschlacken (Mauserung), als auch die Umbildung der organischen Krystallisation einzig und allein möglich wird. Jm Ganzen wird dem Grundsatze gefolgt, dass stickstoffhaltige Nahrung den Körper nährt, stickstofffreie denselben nur erhält. Da die stickstofffreien Substanzen dem Körper nur Kohlenstoff zuführen, der die Athmungsfunktion erleichtert und hiedurch Wärme hervorbringt, so sind die aus solchem Stoffe bereiteten Nahrungsmittel von ausgezeichneter Wirkung zur Entfernung krankhafter Stoffe, indem die Wärme zu den vorzüglichsten den Stoffumsatz befördernden Agenten zählt. —

Vorzugsweise finden dagegen die stickstoffhaltigen Nahrungsmittel, wie Eier, Fleisch etc. ihre Verwendung in der Restaurationsperiode der Kur, indem dieselben als dem Körper homogenere Substanzen sich leichter heranbilden.

Das **Wasser** spielt in der Reihe unserer Heilmittel eine **Hauptrolle** und wird unter allen möglichen Anwendungsmodificationen und Temperaturgraden gehandhabt. Innerlich bedienen wir uns desselben ebenso zu reichlichem als zu höchst spärlichem Genuss, äusserlich ebenso als Vollbad, Dampfbad, wie Douchen jeder Art, halben und ganzen Bädern, Uebergiessungen, Abreibungen, feuchten Einhüllungen, zur Erzeugung der feuchten Wärme, des unentbehrlichsten Hülfsmittels, ohne welche eine so rasche Gewebslockerung und Umbildung nicht denkbar wäre; auch wird dasselbe sehr häufig mit dem besten Erfolge äusserlich und innerlich nach der Einwirkung elektrischer und galvanischer Strömungen (auf Grund wissenschaftlicher Grundsätze eines Duchenne, Du Bois Reymond, Remak) und des (in seiner hohen Wirksamkeit von Horn so richtig gewürdigten) Ozons und Jodosmons angewandt.

Die Heilgymnastik ist uns ein Hauptunterstützungsmittel einerseits zur Beförderung des Stoffwechsels und andererseits zur Stärkung, Kräftigung und Abhärtung des Organismus und seines Bewegungsapparats in der Nachkur, wodurch die Muskeln und Sehnen in ihrer beginnenden Neubildung nicht blos an Massumfang, sondern auch an Elasticität und Schnellkraft gewinnen.

Die bei tief gewurzelten Leiden gebotene **Regenerationskur** (gänzliche Umbildung der Säfte) ist bei dem von uns eingehaltenen Verfahren unter allen Verhältnissen des Alters, der Constitution und des Geschlechts zulässig und möglich. Hier müssen selbst schon festsitzende, oft sogar schon organisirte, aus dem Flüssigen so zu sagen herauskrystallisirte Stoffe wieder aufgelöst, verflüssigt, den Ausführungskanälen zugeführt und endlich ausgestossen werden, während die bereits abgestorbenen und ausgeschiedenen, unbrauchbar gewordenen Stoffe (Mauserstoffe) aus der neugebildeten Ernährungsflüssigkeit (dem Blute) durch die organische Lebensthätigkeit ersetzt und zur neuern organischen Form herangebildet werden. Das Auflösen und Verflüssigen von festsitzenden Krankheitsstoffen, wie z. B. die Kalkausschwitzung bei der Gicht geschieht durch das Dampfbad oder Dunstbäder in der feuchten Einhüllung. Der Patient liegt in diesem Dunstbade, welches die Temperatur seiner eigenen Blutwärme, nämlich 30—31° R., erreichen darf, je nach Umständen mehrere Stunden, denn der dabei eintretende Schweiss fliesst bei dieser Erweichung der Hautporen ruhig, ohne dass die Frequenz des Pulses erhöht wird, was bei trockener Schweissmethode nicht möglich ist. Dadurch wird schon sehr viel zur Blutreinigung beigetragen, indem bei herabgesetzter Pulsfrequenz, oft bis zu 45 Schlägen in der Minute, die Frequenz der Athemzüge gleich bleibt, wodurch die Lungen bei geöffneten Fenstern mehr sauerstoffhaltige Luft aufnehmen und die Entkohlung des Blutes rascher bezweckt werden kann.

In die Gefässe werden die aufgelösten Krankheitsstoffe dadurch stärker aufgesogen, dass der Patient sehr wenig Flüssigkeit zu sich nimmt. Es gibt nach unserer Erfahrung keinen Weg, die Resorption (Aufsaugung) schneller zu bethätigen, als diesen, wie man in manchen Fällen von Wassersuchten sich augenscheinlich überzeugen kann. Jedoch ist unsere Kur nicht mit den alten Durstkuren Calabriens zu verwechseln, denn hier führt der durstige Körper seinen nothwendigen Bedarf an Flüssigkeit durch Aufsaugung mittelst der Haut ein, was bei den früheren Kuren nie der Fall war, und wodurch selbe so qualvoll wurden.

Wie auch der Patient noch so durstig in die feuchte Einhüllung sich legt, so ist binnen einer halben Stunde der Durst verschwunden. Die genauesten Abwägungen der nassen Decken in solchen Fällen, nachdem der Patient ¼ Stunde bis zur Sättigung des Durstes in selben gelegen hatte, haben nachgewiesen, dass das Gewicht bis dahin oft schon um ½ Pfund leichter geworden war, was sich jedoch wieder ausgleicht, wenn der Schweiss eintritt.

Hieraus mag erhellen, dass das Naturheilverfahren seit seinem Auftreten unter Priessnitz und Schroth als gesonderte eigene Heilmethode sich im höchsten Grad vervollkommnete, und dass dasselbe ebenso im gleichen Grade an Wirksamkeit gewonnen hat.

Welch eine wohlthätige Umgestaltung in dem körperlichen Allgemeinbefinden bei wieder zurückkehrendem guten Aussehen, bei dem Verschwinden der charakteristischen Züge des Krankseins eintritt, nimmt ein jeder an sich und an allen wahr, bei welchen mit ernstem Willen, strenger Folgsamkeit und erforderlicher Ausdauer eine solche Kur durchgeführt wird.

Die Restaurationskur hat zur Aufgabe, unter fortgesetzter Bethätigung des Stoffwechsels, den Organismus zu kräftigen, das Hautorgan zu stärken und abzuhärten, die Verdauungswerkzeuge zur höhern Thätigkeit anzuspornen und in Verbindung mit einer kräftigen, doch leichten Kost die Blutbildung zu begünstigen. Aus diesen Gründen ist diese Methode für Reconvalescenten nach Blut- und Säfteverlust vorzugsweise bestimmt. Sie eignet sich ferner auch zur Stärkung einzelner Körpertheile, für Kranke mit geschwächten Verdauungswerkzeugen, für schwächliche Constitutionen, kränkliche Kinder, für Bleichsüchtige, für mit Schleimflüssen und Rheumatismen Behaftete u. dgl. m.

Unter diesen Voraussetzungen wird es selbst klar werden, dass diesem Heilverfahren alle Krankheiten weichen müssen, bei welchen nicht eine absolute pathologische und physiologische Unmöglichkeit zur Wiederherstellung besteht.

Der enge Raum dieses Prospectes gestattet uns nicht, die Einzelheiten unseres Verfahrens, sowie die Darstellung der verschiedenartigen Apparate ausführlicher zu geben. Wir müssen wegen genauerer Einsicht in diese Verhältnisse auf folgende Schriften verweisen:

1) Dr. Steinbacher's Dampfbäder. Regenerationskur. I. Theil. Augsburg 1861. Schlosser'scher Verlag. fl. 1. 30 kr.

2) Dr. Steinbacher's Handbuch des Naturheilverfahrens. Regenerationskur. II. Theil. Augsburg 1862. Schlosser'scher Verlag. fl. 1. 45 kr.

Hierin finden sowohl die Dampfbäder, wie die übrigen Heilfaktoren eine erschöpfende Darstellung, und eine grosse Anzahl schöner Holzschnitte versinnlicht sowohl die einzelnen Organe des Körpers, wie die zahlreichen Apparate, welche allen möglichen Modifikationen angepasst sind.

Bei acuten, fieberhaften oder kurzverlaufenden Krankheiten, wie z. B. in acuten Entzündungen, fieberhaften, katarrhalischen und rheumatischen Leiden, acuten Exanthemen, wie bei dem Scharlach und bei der acuten Gicht, in der Cholera. worüber nächstens eine eigene Abhandlung dem Drucke übergeben wird, leistet dieses unser Heilverfahren, wo die Möglichkeit zur ordentlichen Durchführung gegeben ist, in verhältnissmässig kürzerer Zeit mehr, als bisher je ein Naturheilverfahren zu leisten vermochte.

Von den tiefeingewurzelten chronischen, oft Jahre lang dauernden Leiden dürften alle, eben nicht absolut unheilbaren, als diesem Heilverfahren weichend, aufgeführt werden, wozu wir uns stets der Durchführung der strengen, die totale Umstimmung der Säftemasse bezweckenden Regenerationskur bedienen.

Wir heben namentlich hervor:

1) alle Verderbnisse der Säfte, alle Vergiftungen durch Pflanzen- und Mineralgifte, durch Mercur, Jod, Blei, Arsenik u. s. w.;

2) alle Schwächezustände des Organismus in Folge von Blut- und Säfteverlust, nach schwereren Verwundungen und dadurch bedingter, zu langsam vorschreitender Heilung derselben; nach Operationen, schweren Geburten u. dgl. Da bekanntlich bei gesunder Blutbeschaffenheit jede Verwundung dem Heilungsprocesse rascher und leichter entgegengeführt werden kann, so wäre diese Blut- und Säftereinigung auch vor jeder einmal nöthig gewordenen Operation dringend zu empfehlen. Gewiss könnten hiedurch so viele üble Zufälle, welche oft eine ebenso glückliche als kunstgerechte Operation stören oder nutzlos machen, beseitigt, manches Eiterungsfieber, welches häufig bei dem unscheinbarsten operativen Eingriff dem Patienten das Leben kostet, vermieden werden. — Was die Rückbleibsel von schweren Geburten, allgemeine Schwäche der Geburtstheile, lang andauernde Leukorrhoe u. s. w. betrifft, so sind hier die Sitzbäder und Douchen mit oder ohne Anwendung des Galvanismus von ausgezeichneter Wirkung;

3) zu grosse Reizbarkeit und Schwächezustände in Folge von Blutarmuth (Anämie), Bleichsucht u. s. w.;

4) chronische Congestivzustände nach welchen Theilen des Körpers nur immer;

5) chronische Kopf-, Kehlkopf-, Luftröhren- und Lungenkatarrhe, Emphysem, bei welchem die materiellen Veränderungen zwar nicht zu heben sind, aber die lästigen be-

gleitenden Symptome (Asthma) durch Entfernung des Katarrh's und Umstimmung der Blutmasse fast gänzlich schwinden;

6) Rheumatismen und Gicht jeder Art;

7) Skrophelsucht in allen Formen, skrophulöse Ohrenflüsse, selbst Knochengeschwüre und Beinfrass (Caries), Knochenbrand;

8) Krankheiten der Haut der verschiedensten Art und Form, in welchen Theilen nur immer, wie Geschwüre gichtischer Art, Menstrual- und Fistelgeschwüre, faulige Geschwüre, gequetschte Wunden, deren Heilung durch eingedrungene fremde Körper oder losgelöste Knochenstücke verhindert wird, Flechten, sowohl trockene als nässende (Lichen, pityriasis, psoriasis, eczema mercuriale et simplex, pemphigus, rupia, impetigo, favus, lupus, furunculosis, Hautabscesse u. s. w.). Ebenso weichen unserm Heilverfahren die Folgen unvorsichtig unterdrückter Hautausschläge, des Füsseschwitzens, wie Krämpfe, Lähmungen, Schleimflüsse u. s. w.

9) alle Formen primärer und secundärer Syphilis, alle Complicationen mit anderen Leiden und Uebelsäftigkeiten, veraltete Syphilis jeder Art und Form, welche erfahrungsgemäss bei **gehöriger Ausdauer** durch modificirte Schroth'sche Entziehungskur in Verbindung mit Elektricität jedesmal und selbst da noch Heilung finden, wo alle Methoden, ja selbst die durchgreifendste Priessnitz'sche Wasserkur im Stiche liessen;

10) Krankheiten des Blutgefässsystems, wie Erweiterung der Puls- und Blutadern, vorzüglich die sogenannten Kindsfüsse (Varices) und Krampfadergeschwüre, welche der Verbindung der Elektricität und des Galvanismus mit der Entziehungskur, oft ihre so rasche Heilung verdanken.

11) Krankheiten der Verdauungswerkzeuge, wie der chronische Magenkatarrh, Magengeschwüre, chronisches Er-

brechen und die Anschwellungen, Vergrösserungen der Leber, Milzauftreibungen, sogenannte Milzkuchen nach kaltem Fieber, sowie dieses selbst und auch noch sonstige Krankheiten der Unterleibsorgane. Vor Allem aber zeigen sich bei der habituellen Leibesverstopfung die glänzendsten Erfolge. Noch jedesmal trat bei einer vollkommen durchgeführten Regenerationskur bleibender normaler Stuhl ein.

12) Die Hämmorrhoidalleiden. Diese proteusartige Krankheit, oder eigentlich diesen Symptomenkomplex als Ausfluss der verschiedensten Unterleibsstörungen hat Dr. Steinbacher, gestützt auf die reichste, praktische Erfahrung, wie sie nur eine vielbesuchte Anstalt bieten kann, nach allen ihren Richtungen beleuchtet, und zwar in seiner neuesten Schrift:

Die Hämorrhoidal-Krankheiten. Regenerationskur. IV. Th. Augsbg. 1864. Schlosser'scher Verlag. fl. 2. 24 kr.

13) Die mannigfachsten Krankheiten der Urinwerkzeuge, chronische Gonorrhöen, Stricturen (Verengerungen) der Harnröhre;

14) die verschiedenen Krankheiten des weiblichen Geschlechts jedes Alters, wie Menstrualstörungen, Schleim- und Blutflüsse und dadurch bedingte Unfruchtbarkeit, dann die Anlage zu Frühgeburten, Folge von Schwäche des Gebärorgans, Gebärmutter- und Eierstockänschwellungen, Krankheiten des Mutterhalses u. dgl. m.;

15) krankhafte Gemüths- und Geisteszustände.

16) Nicht minder zugänglich ist der Wirkungsfähigkeit unserer Heilmethode das grosse Heer der Krankheiten des Nervensystems, wohin wir die Lähmungen aus rheumatischen und apoplektischen Ursachen und aus mehreren anderen Krankheiten, wie Bleivergiftung etc., zählen;

17) auch das grosse Reich hysterischer und hypochondrischer Beschwerden, epileptischer und ähnlicher Leiden, sowie

18) mannigfaltige Krankheiten der Muskel- oder Bewegungs-Organe (Muskel-Atrophie).

19) Sehr erwähnenswerth ist die **Wirksamkeit des Naturheilverfahrens** in jener Art von Rückenmarksreizung, welche ihren Grund in zu grossen Säfteverlusten hat, und wo die grosse Reizbarkeit und allgemeine Schwäche durch Nachtwachen und grosse Geistesanstrengungen noch mitunter erhalten wird. Die hier vermittelst der Regenerationskur erzeugte Neubildung und Verjüngung des ganzen Organismus bewirkt nicht nur eine vollkommene Umwandlung und Kräftigung des leidenden Organs und des ganzen Nervensystems, sondern beseitigt in der Regel auch durch das neue, den Körper durchströmende Leben die von oben erwähnten Ursachen bedingte männliche Jmpotenz.

Selten jedoch werden diese Krankheiten durch eine allgemeine Behandlung allein gehoben. Gewöhnlich ist das primär erkrankte Organ die Geschlechtssphäre, von welcher der gesammte Leidenscomplex gleichsam ausstrahlt. Jn diesen Fällen verbinden wir mit der allgemein kräftigenden und beruhigenden Methode die specielle lokale Behandlung, zu welchem Zwecke wir sowohl Sitzbäder, Umschläge, Einspritzungen, Douchen etc., so namentlich das Einlegen von Bougies benützen, durch welche die Reizbarkeit gemindert, Contraktilität und Tonus wiederhergestellt wird. — Da aber, wo durch chronische Reizung sich eine latente örtliche Entzündung mit Erschlaffung herausgebildet hat, welche oft allein die Ursache der Säfteverluste ist, hat sich uns neben der regenerirenden Kur als bestes und energischstes Mittel die Lallemand'sche Aetzung bewährt, welche wir bei den verzweifeltsten Fällen von Jmpotenz mit dem besten Erfolge in Anwendung bringen, nachdem eine umstimmende Kur vorausgegangen ist.

Die seit fünfzehn Jahren auf diesem Leidensgebiete gesammelten reichen Beobachtungen hat Dr. Steinbacher in seinem Werke:

Die männliche Jmpotenz. Regenerationskur. III. Th. Augsburg 1863. Schlosser'scher Verlag. fl. 3. 36 kr. niedergelegt. Für jeden Gebildeten, besonders aber für Eltern, Lehrer und Erzieher bildet dieses Buch einen Schatz von Erfahrungen, deren frühzeitige Kenntniss und Verwerthung unendliches Unglück abzuwenden vermag. Die grosse Anzahl ausführlicher, Wesen und Gang der Kur vollständig erläuternder Krankengeschichten macht es für Leidende besonders werthvoll.

20) Die Krankheiten der Sinneswerkzeuge, Schwerhörigkeit in Folge von Nervenschwäche, wie reizbare und lähmungsartige Schwäche der Sehkraft, Funken- und Mückensehen, bei langwierigen rheumatischen oder scrophulösen Augenentzündungen.

Selbst in jenen Fällen, in denen die völlige oder radicale Heilung nicht mehr möglich ist, lässt sich doch wenigstens wesentliche Erleichterung der bestehenden Beschwerden und möglichste Lebensfristung erwarten. Zu den weiteren guten Folgen einer methodisch durchgeführten physiatrischen Behandlung gehört auch noch die Angewöhnung an eine natürliche gesundheitsgemässe Lebensweise und Abgewöhnung mancher leidenschaftlichen und verderblichen Gewohnheiten, wozu vorzüglich der Hang zur Trunksucht, die üble Gewohnheit des schnellen Essens u. dgl. m. gehört.

Was die Dauer einer solchen Behandlung anlangt, so ist dieselbe ebenso verschieden, als es die Krankheiten selbst sind. Sowie in acuten Krankheiten oft nur einige Stunden oder Tage zur Vollendung der Kur nothwendig sind, so erfordern chronische oft Wochen, Monate zur gänzlichen Heilung. In manchen Fällen war es sogar schon öfter nöthig, besonders in solchen, wo der Fond der Reactionskraft ein sehr geringer ist, die Kur mit Unterbrechungen von kurzen oder langen Zwischenpausen, oft von zwei bis drei Monaten, durchzuführen.

Wer nur einige Einsicht in das Wesen der Krankheiten und des Heilungsprocesses hat, der wird auch erkennen müssen, dass es für den Arzt immerhin schwer ist, die erforderliche Kurdauer vorauszubestimmen und besonders in der ersten Periode der Behandlung. Es kann nur beiläufig bemerkt werden, dass nach bisheriger Erfahrung in den meisten Fällen in dem Zeitraume von drei bis vier Monaten eine vollkommene Regenerationskur möglich ist.

Wir werden übrigens auf den Grund einer schriftlichen, noch besser einer mündlichen Berathung mit dem Patienten doch annäherungsweise den für die Kur erforderlichen Zeitraum bestimmen können. Nothwendig ist jedoch vor Allem, dass jeder Hülfesuchende eine genaue Krankheitsgeschichte, am geeignetsten von seinem bisherigen Arzte verfasst, zur Einsichtnahme übersende oder übergebe und schriftlich oder mündlich nichts vorenthalte, was zur Entstehung Entwickelung und Fortbildung, sowie zum Fortbestand seines Uebels irgendwie in Beziehung stehen mag.

Zur speciellen Durchführung der Kuren und zur Leitung der galvanischen und heilgymnastischen Behandlung steht dem Direktor der Anstalt der seit einer Reihe von Jahren auf dem Gebiete des Naturheilverfahrens thätige und erfahrene Secundararzt Dr. Loh, bisher praktischer Arzt in Frankfurt a./M., zur Seite, welcher auch in der Anstalt wohnt und in Abwesenheit des Dirigenten dessen Stelle vertritt.

II.
Die Naturheilanstalt „Brunnthal."

Jn unmittelbarer Nähe Münchens, 20 Minuten von der Stadt entfernt liegt unsere Anstalt in hübscher Lage an dem rechten Ufer der Jsar, und führen die zwei schönsten Spaziergänge, welche München besitzt, unmittelbar zu derselben hin. Der eine Weg zieht durch den „Englischen Garten," eine der prächtigsten Anlagen dieser Art in Deutschland, der andere an den herrlichen Jsaranlagen entlang, so dass Brunnthal, gleichsam in einen grossen Garten eingebettet, sich bezüglich der Schönheit und Eigenthümlichkeit seiner Umgebung den begünstigtsten Kuranlagen an die Seite stellen kann.

Brunnthal umfasst grosse Räumlichkeiten. Die grossen Gartenanlagen und schönen Wiesenplätze werden von einem kleinen Bache, dem viele auf eigenem Boden entspringende Quellen zulaufen, durchflossen. Die Anstalt enthält 50 Kurzimmer, mehrere vortrefflich eingerichtete Badesalons, mit allen möglichen Einrichtungen für Dampf- und Douchebäder. Halb-, Sitz- und Wannenbäder, Lokaldouchen, Vollbäder, Wellenbäder, einen heilgymnastischen Saal und einen Salon für Anwendung der Elektricität. Zur Annehmlichkeit der Kurgäste dienen Billard, Pianoforte, Spiele, Zeitungen, Kegelbahn und Kurgarten.

Um allen Kurzweken in vollständiger Weise zu genügen, ist bei den Bädern die Vorsorge zur Modifikation jedes erforderlichen Wärmegrades getroffen. Die Vollbäder erhalten immerwährenden Zufluss durch eigene Quellen. Die Douchen sind sowohl im Allgemeinen als auch für besondere lokale Zweke, sowie zur temperirten Anwendung des Wassers auf's Zweckmässigste eingerichtet. · Bei unseren Dampfbädern sitzt der Schwitzende sehr bequem auf einem Stuhte, der Kopf ragt frei hervor, so dass die Zuführung frischer Luft nicht nur jede Belästigung entfernt hält, sondern die während des Bades ermöglichte freie Athmungsthätigkeit wesentlich die Processe organischer Stoffscheidung begünstigt. Die Leichtigkeit, mit welcher für jeden Badenden der Wärmegrad angepasst werden kann, bildet einen weiteren Vorzug unserer Dampfbäder. Die eigenthümliche, besonders Wärme erregende und auflösende Wirkungen entfaltende Anwendungsweise der Leibumschläge, sowie die praktisch bewährte, und so eingreifende Wirksamkeit der besonders construirten Clystierapparate, die mannichfache Form unserer Wicklungen, lokalen Dampfbäder, Bettdampfbäder ist am besten aus den oben mehrfach erwähnten Schriften zu ersehen.

Es bleibt uns noch übrig, die so erfolgreiche Combination des galvanischen Stromes mit den Bädern hervorzuheben, die Heilform, welche im Jahre 1852 von Dr. Steinbacher zuerst erdacht, sich als einer der wichtigsten Heilfaktoren bewährte. Sowohl der konstante wie intermittirende Strom findet seine Verwendung, und wird sowohl in Sitzbädern als in Wannen- und Lokalbädern effektuirt. Ueber die speciellen Wirkungen der katalytischen Kraft des ersteren Stromes bei rheumatischen Ablagerungen und Metallvergiftungen (Quecksilber in der Syphilis etc.), des Jnduktionsstromes bei Schwächezuständen und Lähmungen ist in Dr. Steinbacher's Handbuch des Naturheilverfahrens Ausführliches zu ersehen. — Eine bequeme Versenkung vermittelt den raschen Uebergang der Patienten aus den Wicklungen zu den Bädern.

III.
Besondere Bemerkungen.

Was die Kosten anbelangt, so richten sich dieselben sowohl nach Wahl des Zimmers. wie nach der grösseren oder geringeren ärztlichen Mühewaltung und differiren zwischen fl. 10, 12, 14, 16, 20 wöchentlich mit Einschluss der ärztlichen Behandlung, Miethe, Wartung, Pflege, Gebrauch sämmtlicher Bäder, Wicklungen.

In solchen Fällen, wo eine specielle heilgymnastische oder galvanische Behandlung nothwendig ist, wird für den Gebrauch der Heilgymnastik fl. 1. 30 kr, für den des Galvanismus fl. 2 wöchentlich berechnet; ebenso wird nothwendig werdende operationelle Behandlung besonders in Anrechnung gebracht. Die wollene Wickeldecke und Badewäsche wird separat berechnet. Es ist jedem Kurgaste zu empfehlen, noch besonders sich mit einer Wickeldecke zu versehen und etwa 4 Stück grosse Leintücher zum Wickeln selbst mitzubringen, da erfahrungsgemäss die Erzeugung der bei der Schroth'schen Kur so nothwendigen feuchten Wärme wesentlich durch einen guten Verschluss befördert wird.

Die Preise der Kost und der vorkommenden Getränke können wegen ihrer allzugrossen Mannigfaltigkeit bei den verschiedenen Patienten nicht festgesetzt sein, werden also separat billigst berechnet, und hängt der hiefür bestimmte Tarif im Kursaale auf. Der wöchentliche Betrag beläuft sich durchschnittlich auf fl. 4—8.

Die Aufnahme in die Anstalt erfolgt nur nach vorheriger Anmeldung. Es ist dem ankommenden Kurgast zu empfehlen, sogleich im Bahnhofe einen Wagen nach Brunnthal zu nehmen. Die Taxe, Gepäck eingeschlossen, beträgt für einen Einspänner 24—30 kr., für einen Zweispänner 42—48 kr. Nachts sind die Preise um die Hälfte erhöht.

www.ingramcontent.com/pod-product-compliance
Lightning Source LLC
Chambersburg PA
CBHW020323090426
42735CB00009B/1376